JN144184

北朝鮮経済史　1910-60

北朝鮮経済史 1910−60

木村光彦 著

知泉書館

凡　例

・戦前の統計データを示す図表で，出所を明記していないものはすべて，朝鮮総督府『朝鮮総督府統計年報　明治四十三年度－昭和十七年度』同府，京城，1912－44年による。同書をとくに明示する必要があるばあいは，『総督府統計年報』と略記する。
・表で，n.a. はデータ欠如，－（ダッシュ）または空白は，該当なしあるいは不明を意味する。

は　じ　め　に

　日本の敗戦から3年後，朝鮮半島（韓半島）には南北2つの国家—韓国（大韓民国）と北朝鮮（朝鮮民主主義人民共和国，DPRK）—が成立した。以来，およそ70年が経過した。その間，両国家は同一民族ながら，異なる体制のもとで経済運営をおこなってきた。それを反映し，今日，朝鮮半島の経済研究は韓国経済論と北朝鮮経済論に分かれ，それぞれ独自の分野を形成している[1]。しかし経済史研究はそうではない。今日，近代朝鮮（韓国）経済史と銘打った書物は多数存在する。それらは主として，日本統治下（1910－45年）朝鮮半島の経済に関心をよせる。くわえて，とくに近年，戦後韓国の経済成長を論じる。他方，戦後の北朝鮮経済については議論が量的にも質的にも非常に不十分である[2]。要するに，朝鮮半島の近代経済史は，戦前は半島全体，戦後はもっぱら南に限定という変則的な形になっている。この点で一貫性をたもつためには，戦前朝鮮経済の詳細な南北別研究が必要である。本書はこの問題意識から，北朝鮮を対象に，戦前・戦後を通じた経済変化を論じる。とはいえ，この作業はかんたんではない。戦前のデータの南北別分割には多大な労力を要する[3]。戦後については，ひろく知られるとおり，北朝鮮のデータはきわめて乏しい。こうした問題と筆者の能力の限界から，本書で体系的・網

羅的な議論を展開することはできない。本書の目的は，叙述をいくつかのトピックにかぎり，近代北朝鮮経済史研究の手がかりを提示することである。

　本書は日本統治初期から1960年ごろまでをあつかう。李朝末期，朝鮮半島の行政区域は以下の「道」にわかれていた：慶尚（南北）道，全羅（南北）道，京畿道，忠清（南北）道，江原道，黄海道，平安（南北）道，咸鏡（南北）道。これらのうち，京畿道のごく一部，江原道の約 1/3，黄海道のほぼすべて，咸鏡道・平安道のすべてが，現在の北朝鮮（DPRK）の領域である[4]。併合まえ，北東部の咸鏡道は北韓あるいは北関とよばれた。この言葉はまた，しばしば北緯38-39度線以北を漠然とさした。併合によって大韓帝国が日本帝国内の一地域－朝鮮－になると，北韓（咸鏡道）は北朝鮮ないし「北鮮」という言葉に代わった[5]。これに対応し，半島北西部の平安道・黄海道は「西鮮」，南部の慶尚道・全羅道は「南鮮」，中部の京畿道・忠清道・江原道は「中鮮」とよばれるようになった[6]。以下本書では，この意味での北鮮・西鮮を朝鮮北部，中鮮・南鮮を朝鮮南部とよぶ。戦後は北緯38度線（朝鮮戦争後は軍事境界線）以北を北朝鮮，以南を南朝鮮（国家建設以後は韓国）とよぶ[7]。本書は，戦前は朝鮮北部に焦点をあてるが，南部を無視するわけではない。北部の特徴は，南部との対照によって明瞭となる。この観点から戦前については，南部のデータと比較しながら議論をすすめる。

　本書の構成は以下のとおりである。
　　第1章　初期条件
　　第2章　農業

はじめに　　　　　　　　　　　　　ix

　第3章　鉱工業
　第4章　初等教育
　第5章　防疫
　おわりに
　補章　朝鮮史研究会と『朝鮮の歴史』

　第1章では，数量データにもとづいて「初期条件」を検証する。この語は開発経済論でよく使う。それは，近代化始期における社会経済の基本的特徴を意味する。ここでは，それがどうして生じたかという問題は論じない。それは李朝経済史のテーマであり，本書の枠外である[8]。第2章は1918/20-44年および戦後の農業生産データを，食糧作物にかぎって検討する。戦前については本来，1910-17年も分析するべきだが，データの信頼性がひくいので省く。第3章は鉱工業を論じる。北部は日本統治期に鉱工業が大きく発展したことで知られる。それを要約し，戦後それがどのように継承されたかを検証する。第4章では教育をとりあげる。教育は人的資本の形成要因として，現代経済学がつよい関心をよせるテーマである。同章では就学率と識字率のデータから，戦前・戦後の初等教育の普及を観察する。第5章は防疫を主題とする。これは経済とは関連しないと思われるかもしれない。しかし健康は教育とならんで，あるいはそれ以上に人的資本形成に貢献する。その意味で経済活動を左右する重要な要因である[9]。最後に全体のまとめをしたのち，補章をくわえる。そこでは，研究史回顧の一助とする目的で，戦後わが国の朝鮮史研究をリードしてきた学会——朝鮮史研究会について述べる。まず同会のイデ

オロギー色を指摘し，つづいてその主要刊行物，『朝鮮の歴史』を評する。

　上記1-5章は筆者の過去の論稿に拠っている。本書に収録するにあたり，加筆，修正，編集をおこなった。簡便化のために，本書では引用文献の表記は，あらたに参照したものを除き，できるだけ控えた。詳細は以下の原論稿を参照されたい：

　　第1章「100年前の北朝鮮経済」『青山国際政経論集』第86号，2012年

　　第2章「北朝鮮の食糧生産　1920年代から1950年代の統計分析」『現代韓国朝鮮研究』第13号，2013年

　　第3章「戦後北朝鮮経済の展望」『比較経済研究』第47巻第1号，2010年，『北朝鮮の軍事工業化——帝国の戦争から金日成の戦争へ』知泉書館，2003年（共著者，安部桂司）（第3，5，8，9章），『戦後日朝関係の研究——対日工作と物資調達』知泉書館，2008年（共著者，同）（第2章），「北朝鮮咸鏡南道端川郡の鉱山」『青山国際政経論集』第64号，2004年（共著者，同），「北朝鮮兵器廠の発展——平壌兵器製造所から第六十五工場へ」『軍事史学』第37巻第4号（共著者，同），2002年

　　第4章「近代朝鮮の初等教育」，板谷茂他『アジア発展のカオス』勁草書房，1997年

　　第5章「北朝鮮の伝染病——もうひとつの脅威」『青山国際政経論集』第66号，2005年（共著者，同）。

はじめに

注

1） 近年韓国では北朝鮮経済論の隆盛をみているが，その分析方法が確立しているとはいいがたい（木村 1997b）。市場経済を前提としない国であるにもかかわらず，現代経済学の概念を安易に適用する例がおおい。諸研究機関による北朝鮮のGDP推計が，北の経済の理解にどれだけ役立っているか疑問である。

2） 李憲昶（2004）は朝鮮半島の経済を中世から現代まで論じた大作であるが，戦後の北朝鮮分析は限定的である。

3） この作業はいままで，日本と韓国双方で相当ていど行なわれてきた。本書ではその成果を一部利用する。

4） 古都，開城は李朝期以来，京畿道の一部であったが，38度線以南にあるため日本の敗戦後，米軍の占領下におかれた。朝鮮戦争を経て，現在はDPRKに属する（1958年以降，開城直轄市）。黄海道の海州は，南端を38度線が通っていたため，ふたつに分断されたが，朝鮮戦争後，全体がDPRKに帰属した。1946年以降の北朝鮮内行政区の主な変更はつぎのとおりである：平壌－1946年，特別市となり，平安南道から分離；38度線以北の江原道－1946年，咸鏡南道の元山市等とともに，新たな江原道に再編成；黄海道－1954年，黄海北道と同南道に二分；平安北道の北東部－1949年，慈江道となる；咸鏡南道の北部－1954年，慈江道・咸鏡北道の一部とともに両江道となる。50年代以降，各道の境界には多少の変動がある。以上，申大興編（1994）参照。

5） 1913年初版の一書は咸鏡道をさして北朝鮮ないし北鮮と呼び，その概況を紹介している（山田・安藤 2001）。

6） 日本統治期の改造社版の地理書は，北朝鮮，西朝鮮，中央朝鮮，南朝鮮という言葉を使用していた（山本編 1930）。今日，北鮮をはじめ○鮮という言葉は一般に差別語とみなされている。しかしその根拠はあきらかではない。わが国ではこの言葉は戦後もふつうに使われていた。とくにDPRKについては，これを北鮮とよぶのが習わしであった。70年代前半に左派の朝鮮研究者・運動家がこれに反対し出版社等に抗議をおこなった結果，使用されなくなった。そのねらいは，日本でDPRKの正式国名をひろめ，認知させる点にあったと考える（木村 2012：40）。本書では，歴史的な地域名としてあえてこの言葉をつかう。付言すると，「鮮人」には戦前から

侮蔑的なニュアンスが感じられた。とはいえ，朝鮮の朝を略した用語法が一般的にそうであったわけではない。朝鮮銀行－鮮銀，朝鮮在住・渡航－在鮮・渡鮮などは，通常の感覚で使用されていた（来阪，在京等と同様）。近年，研究者が朝鮮銀行を朝銀，朝鮮在住を在朝などと略すのを目にする。これは過剰な反応というべきで，歴史用語の尊重という観点からはむしろ望ましくないと考える。

7） 本書の「戦前」，「戦後」はわが国の通常の用法（第2次大戦終結の前・後）にしたがうが，DPRK では朝鮮戦争（1950－53年）を境に戦前，戦後を区分する。以下，この区分に言及するばあいは，朝鮮戦争前，同後（あるいは停戦後）と記す。

8） 近年，前近代朝鮮の経済史研究は長足の進歩をとげている。李榮薫（2004）は，李朝末期の経済停滞の実情と要因を展望したすぐれた論文である。

9） 生産効率が国民の精神的・肉体的健康（および希望や自由）につよく依存することは，すでに古く A. Marshall が的確に指摘していた（Marshall 1972：161－65）。

目　　次

はじめに …………………………………………………… vii

第1章　初期条件 ……………………………………… 3
　1．自　然 ………………………………………………… 3
　2．産　業 ………………………………………………… 4
　3．畜　牛 ………………………………………………… 14
　4．食物消費と教育 ……………………………………… 19
　5．まとめ ………………………………………………… 21

第2章　農　業 ………………………………………… 25
　1．戦　前 ………………………………………………… 26
　2．戦　後 ………………………………………………… 30
　3．むすびにかえて ……………………………………… 37

第3章　鉱工業 ………………………………………… 47
　1．戦　前 ………………………………………………… 47
　2．1945−53年 …………………………………………… 52
　3．1953−60年 …………………………………………… 56
　4．統計の検証 …………………………………………… 60
　5．端川郡の鉱山開発 …………………………………… 64
　6．セメント工業 ………………………………………… 73
　7．兵器工業——平壌兵器製造所と65工場 …………… 79
　8．まとめ ………………………………………………… 87

第4章　初等教育 …………………………………… 91
　1．戦　前 …………………………………………… 91
　2．戦　後 …………………………………………… 97

第5章　防　疫 …………………………………… 101
　1．戦　前 ………………………………………… 101
　2．戦　後 ………………………………………… 107

おわりに ……………………………………………… 113

補章　朝鮮史研究会と『朝鮮の歴史』 …………… 119
　1．朝鮮史研究会の性格 ………………………… 119
　2．『朝鮮の歴史』(1974年) ……………………… 122
　3．『朝鮮の歴史　新版』(1995年) ……………… 128
　4．むすび ………………………………………… 133

あとがき ……………………………………………… 137
引用文献 ……………………………………………… 141
索　引 ………………………………………………… 147
英文目次・要旨……………………………………… 153

図表目次

朝鮮略図，日本統治期
北朝鮮略図

表1-1	気温，降霜，降雨量	4
表1-2	朝鮮人職業別戸口，1910年5月10日現在	5
表1-3	主要市街地現住戸口，1910年12月末日現在	5
表1-4	耕地面積，1914年	6
表1-5	主要作物の作付面積，朝鮮北部，1911年	7
表1-6	米生産統計，1910-12年平均	8
表1-7	主要畑作物の反収，1910-12年平均	8
表1-8	定期市関連指標，1911年	9
表1-9	許可鉱区数，1914年	11
表1-10	鉱産額，朝鮮北部，1914年	11
表1-11	主要工産物，1911年	13
表1-12	畜牛頭数，1914年	16
表1-13	畜牛預託頭数，1911-12年平均	17
表1-14	畜牛総価額，1914年と土地総価額，1918年	18
表1-15	朝鮮人の米食調査（1915年11月）結果，咸鏡北道	19
表1-16	初等教育機関と就学者，1912年3月末日現在	20
表2-1	米生産統計，1918/20，28/30，38/40年	26
表2-2	稲改良品種の普及，1940年	27
表2-3	大麦生産統計，1918/20，28/30，38/40年	28
表2-4	粟生産統計，1918/20，28/30，38/40年	28
表2-5	大豆生産統計，1918/20，28/30，38/40年	29
表2-6	ジャガイモ生産統計，1918/20，28/30，38/40年	29
表2-7	北朝鮮政府の穀物・イモ類生産統計，1944-57年	32
表2-8	主要穀物・ジャガイモ生産統計，朝鮮北部，1941-44年	33
表2-9	北朝鮮政府の米生産統計，地域別，1949-57年	35
表2-10	米生産統計，咸鏡北道，黄海道，平安南・北道，	

(図表目次)

		1941-44年	35
表2-11		北朝鮮の人口と食糧生産, 1946-57年	36
付表		トン表示の食糧生産量, 1920-44年	42
表3-1		鉱産額, 朝鮮北部, 1926, 36年	51
表3-2		工産額, 1930, 40年	51
表3-3		基礎資材生産量, 全朝鮮, 1940-44年	52
表3-4		基礎資材生産量, 北朝鮮政府統計, 1944-60年	60
表3-5		ソ連, 東欧諸国からの経済援助:鉱工業主要設備の導入, 1953-60年	62
表3-6		端川郡の主要鉱山, 1941年7月1日現在	68
表3-7		終戦時の端川郡の鉱山概要	69
表3-8		工場別マグネシア・クリンカーとマグネサイト製品の生産量, 1944-45年	70
表3-9		工場別マグネシア・クリンカーとマグネサイト製品の生産量, 1958年および関連データ	71
表3-10		マグネシア・クリンカー, 亜鉛, 鉛の対ソ輸出, 1956-60年	72
表3-11		終戦時の主要セメント工場の設備と生産量	77
表3-12		「セメント報告書」:主要セメント工場の設備と生産量, 1959年	78
表3-13		職工数, 平壌兵器製造所・造兵廠, 1923-37年度	82
表3-14		平壌兵器製造所の生産能力, 1941-45年	83
表3-15		旧ソ連資料中の北朝鮮工業生産統計表, 1950年上半期	88
表4-1		朝鮮人初等就学率, 地域・男女別, 1921-42年	93
表4-2		25歳以上の朝鮮人識字率, 1930年	96
表4-3		人民学校・同学生数, 北朝鮮政府統計, 1946-61年	98
表5-1		急性伝染病患者数・死者数, 全朝鮮, 1924-42年	104
表5-2		赤痢・腸チフス・痘瘡患者数・死者数, 朝鮮北部, 1924-42年	105
表5-3		新規種痘者数, 1933-42年	108
表5-4		予防注射接種件数, 北朝鮮政府統計, 1946-48年	109
図4-1		朝鮮人初等就学率, 南北・男女別, 1911-42年	92

朝鮮略図，日本統治期

北朝鮮略図

北朝鮮経済史
1910－60

第1章 初期条件

　本章ではまず農業に関係の深い自然条件を要約する。つぎに産業の基本構造を展望し，農業，商業，鉱業，工業の各状況をみる。ついで畜牛について論じる。畜牛は伝統的に朝鮮北部で重要であった。最後に食物消費，教育普及度を検証する。

1. 自　然

　北鮮は豆満江（図們江）ぞいに満洲と接する。その大部分は山地・高原である。西鮮の国境には鴨緑江が流れる。同江は流量，延長の点で日本にみられない大河である。西鮮も，北鮮ほどではないが，多くが山地である。平野があるのは，平安南道の清川江下流（博川，安州地方）・大同江下流（平壌地方）と黄海道の沿海地域にすぎない。朝鮮南部も山がちであるが，北部よりは平野が多い（とくに西南地方）。

　朝鮮半島とくに朝鮮北部の気候は，日本とくらべて大陸的である。すなわち，少雨・乾燥，冬季寒冷・夏季高温を特色とする。梅雨の時期は南鮮の一部地域以外，日本のようにははっきりしていない。朝鮮北部の多くの地域では降雨量が年間1,000mm以下で，かつ7－9月に集中する

第1章 初期条件

表1-1 気温，降霜，降雨量

		北　鮮		西　鮮	
測候所所在地		元山	城津	平壌	龍岩浦
平均気温（度）	1月	-3.0(-7.8)	-6.1(-10.9)	-7.2(-12.2)	-8.1(-12.7)
	8月	22.9(27.3)	21.3(24.8)	23.8(28.5)	22.4(27.3)
初霜平均月日		10.13	10.15	10.12	10.9
終霜平均月日		4.17	4.17	4.24	4.25
年降雨量（mm）		1,428	668	873	832
7－9月降雨量（mm）		807	318	539	472

注） 測候所の開設時から1914年までの累年平均値。測候所の開設年は以下のとおり：元山，1904年；城津，1905年；平壌，1907年；龍岩浦，1904年。平均気温欄の（ ）内はそれぞれ，（平均）最低，最高気温を示す。

(表1-1)。1月は平均気温が零下になる。春はおそく，秋ははやい——終霜は4月中・下旬，初霜は10月初・中旬である。しかし8月の平均気温は20度を超え，最高気温が30度ちかくまで上昇する。そのため北鮮の一部をのぞき，米作が可能である。

2．産　業

（1）基本構造

1910年の総督府統計は，朝鮮人職業別（産業別）戸口として表1-2のデータを記す。当時のデータには調査もれが少なからず存在するものの，産業構造の基本傾向を知るには十分である。これによると，朝鮮全域で農業戸口比率が圧倒的にたかかった。すなわち当時の朝鮮は，農業に依存する社会であった。朝鮮北部の同比率は朝鮮南部よりたかく，いずれの道でも80％以上，最高は咸鏡北道の91％，最低は平安南道の81％であった。

2．産　業

表1-2　朝鮮人職業別戸口，1910年5月10日現在

	北　鮮		西　鮮			中　鮮	南　鮮
	咸鏡南道	咸鏡北道	黄海道	平安南道	平安北道		
農業	155,145 (84.0%)	72,373 (91.3%)	193,358 (87.6%)	151,845 (81.4%)	156,589 (87.1%)	637,730 (76.4%)	969,725 (82.9%)
漁業	3,373	900	888	1,366	732	8,809	20,318
工業	1,876	251	1,672	1,393	2,039	10,367	11,265
鉱業	691	6	262	323	179	988	1,130
商業	9,959	2,590	11,500	14,143	10,273	58,304	77,774
官公吏	1,161	412	827	682	723	6,741	5,260
両班	874	373	735	129	567	37,466	21,023
儒生	1,303	831	1,109	740	657	7,349	9,252
日稼	6,404	434	5,622	9,008	4,562	34,679	33,544
その他	2,137	437	3,084	4,314	2,438	16,433	12,454
無職	1,876	679	1,624	2,513	985	15,951	7,392
合　計	184,799	79,286	220,681	186,456	179,744	834,817	1,169,137
朝鮮人現住戸口総数	164,116	77,907	218,776	186,455	179,229	768,491	1,154,982

原注）　職業ハ戸主ニ就テノ調査ニシテ同一戸主ニシテ二三ノ職業ヲ兼ヌル者ハ各別ニ之ヲ計上セシニ依リ現住戸口ト符合セス。職業中両班トハ古昔文武官ヲ奉セシ者ノ子孫ニシテ儒生トハ漢学ヲ以テ家ヲ立ツル者ナリ。
注）　農業欄の（　）内は合計にしめる割合。

表1-3　主要市街地現住戸口，1910年12月末日現在

	北　鮮		西　鮮			中　鮮	南　鮮
	咸鏡南道	咸鏡北道	黄海道	平安南道	平安北道		
市街地個所	7	7	11	5	9	19	39
朝鮮人戸数	10,908 (6.6%)	3,905 (5.0%)	10,936 (5.0%)	12,512 (6.7%)	7,207 (4.0%)	73,934 (9.6%)	57,256 (5.0%)
日本人戸数	1,741	1,993	931	3,248	1,370	17,145	14,969

注）　（　）内は表1-2の朝鮮人現住戸口総数に対する割合。原資料の表記では，日本人は内地人。

　たかい農業戸口比率は，ひくい都市化率に対応した。朝鮮北部の主要市街地戸口数は全戸口数にたいし，5％前後にすぎなかった（表1-3）。

(2) 農　業

前節でみた自然条件から、朝鮮北部の農業は1年1作の畑作が主であった。1914年、全耕地面積中、畑面積は北鮮で86-96％、西鮮で75-85％にのぼった（以下、表1-4）。焼畑（「火田」）・休閑地もおおく、畑面積に占める割合は、咸鏡南道で32.6％、平安北道で25.4％にたっした。所有別の耕作形態は、西鮮では自作地の割合がひくく、地主-小作制が発達していた。これは朝鮮南部と同様であった。対照的に、北鮮の主たる耕作形態は自作であった。そこでは、自作畑の割合が70％を上回った。農家1戸当りの平均経営

表1-4　耕地面積，1914年

	北　鮮		西　鮮			中　鮮	南　鮮	計
	咸鏡南道	咸鏡北道	黄海道	平安南道	平安北道			
総面積（千町歩，以下同）	248.7	169.5	351.8	301.7	339.4	757.3	790.9	2,959.1
田	34.3	6.6	85.7	47.7	51.7	374.1	489.3	1,089.3
畑	214.4	162.9	266.1	254.0	287.7	383.2	301.6	1,869.8
2毛作田	0.0	-	0.1	-	-	18.1	120.5	138.7
焼畑または休閑畑	69.8	30.8	12.6	15.7	73.0	26.5	9.0	237.5
自作田	18.0	4.8	27.2	16.2	18.3	114.2	179.6	378.3
自作畑	157.0	140.5	110.9	118.9	150.4	197.7	167.3	1,042.8
畑／総面積（％，以下同）	86.2	96.1	75.6	84.2	84.8	50.6	38.2	63.2
焼畑・休閑地／畑	32.6	18.9	4.7	6.2	25.4	6.9	3.0	12.7
自作田／田	52.5	72.7	31.7	34.0	35.4	30.5	36.7	34.7
自作畑／畑	73.2	86.2	41.7	46.8	52.3	51.6	55.5	55.8
農家1戸当り経営面積（町歩）	1.58	2.50	1.65	1.78	1.94	1.06	0.72	1.14

注）　焼畑または休閑畑面積は1910年の数値（京城府の分はふくまない）。

2. 産 業

面積は北部が南部よりおおきく,とくに咸鏡北道,平安北道ではそれぞれ2.5, 1.9町歩を記録した。

1911年の統計によると,作付面積は朝鮮北部全体で,粟が最大であった(表1-5)。これに次ぐのは,北鮮では大麦や稗,大豆,西鮮では米,大豆であった。米は咸鏡北道をのぞき,ひろく栽培された。トウモロコシの栽培は平安北道以外,すくなかった。

米の反収は西鮮と咸鏡南道で0.8石前後であった(1910-12年平均)(表1-6)。これは南鮮の反収(1.1石)を30%ちかく下回った。朝鮮北部と気象条件の似た本州北部の米反収は当時1.5石水準であったから,これとくらべると,約半分にすぎなかった[1]。朝鮮北部では,大麦,粟,大豆

表1-5 主要作物の作付面積,朝鮮北部,1911年 (千町歩)

	北　鮮		西　鮮		
	咸鏡南道	咸鏡北道	黄海道	平安南道	平安北道
米	23.8	3.5	69.9	43.2	48.3
大麦	25.1	34.1	6.9	10.6	4.4
小麦	3.7	0.6	45.6	17.0	1.0
燕麦	23.6	11.7	0.2	1.4	1.7
大豆	21.2	34.4	32.0	31.4	37.7
小豆	16.5	2.0	2.6	39.0	31.2
粟	44.1	49.0	88.9	81.0	80.0
稗	29.5	11.8	5.6	5.4	20.3
モロコシ	6.5	3.4	5.1	20.4	14.3
トウモロコシ	9.5	3.0	1.4	7.5	33.7
ジャガイモ	4.8	2.8	0.0	0.7	0.8
在来棉	0.0	−	3.5	4.4	5.3
大麻	1.4	1.2	0.2	0.4	3.9
タバコ	1.1	0.6	1.0	1.6	2.8

注) これらの数値は当時の粗い調査によるもので,正確さを欠く。

表1-6 米生産統計, 1910-12年平均

	北 鮮		西 鮮			中 鮮	南 鮮
	咸鏡南道	咸鏡北道	黄海道	平安南道	平安北道		
生産量(千石)	202.9	29.8	627.6	321.0	367.3	2,692.6	4,728.0
反収(石)	0.83	0.60	0.88	0.86	0.75	0.91	1.12

注) 同, 前表。

表1-7 主要畑作物の反収, 1910-12年平均　　(石)

	北 鮮		西 鮮			中 鮮	南 鮮
	咸鏡南道	咸鏡北道	黄海道	平安南道	平安北道		
大麦	0.77	0.48	0.59	0.69	0.66	1.29	1.71
粟	0.82	0.66	0.89	0.63	0.58	0.92	1.08
大豆	0.62	0.46	0.72	0.48	0.41	0.79	0.73

注) 同, 前表。

といった畑作物の生産性もひくかった。一般に反収1石をはるかに下回り, 中鮮, 南鮮に劣った (表1-7)。

南北をとわず, 灌漑設備はすくなく, 田の大半は天水田, または水利不安全田 (灌漑未整備田) であった。肥料は糞灰, 厩肥, 草肥など, 大半が農家の自給自足であった。糞灰は, オンドル用燃料の残り灰と人糞をまぜて作った。畑作では無肥のばあいも少なくなかった。併合当時, 干鰯, 獣 (牛, 豚, 犬) 骨の生産量は多かったが, それらは国内の肥料用ではなく, もっぱら (対日) 輸出品であった。

朝鮮の畑作には日本と異なる独特の栽培技術が存在した。それは, 粗放ではあるが, 自然条件に適合したものであった。たとえば, 粟と大豆・小豆の混作または間作がそうである。これは, 乾燥がちで降水量にむらがある条件下, 作物の全失をさけるうえで合理的であった。輪作とくに西鮮でみられた2年3作の輪作も, すぐれた栽培法であった。

そこでは,麦,粟など禾木科の作物と大豆,小豆などマメ科の作物を交互に栽培した。その意義は,少ない施肥で地力を維持する点にあった。

(3) 商 業

商品取引の場は主に農村の市であった。それは5日ごとに開く定期市で,農民の徒歩1日行程を基準に全土に分布した。市でのおもな交換手段は銅銭と物々交換であった[2]。

1911年,市の総数は北鮮87,西鮮222,中鮮321,南鮮454であった(表1-8)。市場密度(単位面積あたりの市場数)は北鮮と,西鮮の平安北道でひくく,西鮮の黄海道と南鮮でたかかった。すなわち,山がちの地方は市場数がすくなく,平坦な地方では多かった。1市場あたりの戸口数は平安北道をのぞき各道とも2-3千戸であった。このように市場の分布は,人口にたいしてほぼ均等であった。

各地域では,市の開市日が近隣同士で異なるように決められていた。そのため,農民は原則的に,どの日でも近くの市に行き,取引への参加が可能であった。こうした事実

表1-8 定期市関連指標,1911年

	北 鮮		西 鮮			中 鮮	南 鮮
	咸鏡南道	咸鏡北道	黄海道	平安南道	平安北道		
A. 市場数	59	28	97	82	43	321	454
B. 総面積 (km²)	31,978	20,347	16,744	14,939	28,468	54,609	53,755
C. 市場密度, (A/B)×1,000	1.8	1.4	5.8	5.5	1.5	5.9	8.4
D. 1市場当り戸口数	2,960	2,670	2,290	2,314	4,324	2,464	2,590

注) D欄=朝鮮人現住戸口総数/市場数。

は，長い期間をへて市のネットワークが全土に広がり，ひとつの均衡に達していたことを示す[3]。

専業商人には，定期市を巡る行商人，都市の店舗商人，遠隔地交易に従事する卸売商人などが存在した。朝鮮北部でよく知られたのが開城の商人で，彼らは朝鮮人参の流通を掌握していた。

(4) 鉱　業

朝鮮とくに朝鮮北部は伝統的な金銀産地であった[4]。その近代的な開発は19世紀末，外国人がはじめた。1885年，平安北道雲山鉱山の採掘権を米国人が獲得し，のちに米国の会社が採掘に従事した。一方，平壌が無煙炭の産地とわかると，日本海軍がこれに注目し，1880年代に調査をはじめた。1907年，韓国統監府は平壌鉱業所を設置し，開発に着手した。1914年，同所の無煙炭販売量は11.8万トン，煉炭販売量は15.1万トンであった。平壌炭の総埋蔵量は当時，1億トンといわれた。そのほか，併合時までに朝鮮北部では，鉄，黒鉛，銀，銅，鉛などの鉱区が設定された。1914年，朝鮮北部の鉱区数は692で，朝鮮の全鉱区数（1,118）の6割を占めた（表1-9）。しかし金と石炭以外の鉱産額はすくなく，将来の開発をまつ状態にあった（表1-10）。

(5) 工　業

1910年前後，工場工業は，移住日本人による小規模なものが都市に散在するにすぎなかった。朝鮮人の工業は大部分，手作業による農家副業であった。労働者を雇用する専業経営も存在したが，おおくはなかった。おもな工業製品

2. 産 業

表1-9 許可鉱区数, 1914年

	北 鮮		西 鮮			中鮮	南鮮	計
	咸鏡南道	咸鏡北道	黄海道	平安南道	平安北道			
金銀鉱	39	4	30	54	164	154	51	496
銅鉱	5	2	1	1	−	3	8	20
鉄鉱	5	3	46	31	6	10	6	107
水銀鉱	−	−	1	1	−	−	−	2
金銀銅鉛亜鉛鉱	7	3	6	2	10	23	25	76
黒鉛	13	6	2	6	47	15	14	103
石炭	3	18	2	23	−	5	18	69
砂金	52	5	11	50	33	52	40	243
砂鉄	−	−	−	−	−	2	−	2
計	124 (87)	41 (20)	99 (76)	168 (134)	260 (170)	264 (202)	162 (133)	1,118 (822)

注) ( ) 内は休業鉱区 (内数)。

表1-10 鉱産額, 朝鮮北部, 1914年　　(千円)

	北 鮮		西 鮮		
	咸鏡南道	咸鏡北道	黄海道	平安南道	平安北道
金	5.6	−	1,046.8	72.3	4,261.1
金鉱	1.2	−	32.5	−	56.2
砂金	42.0	1.4	3.4	300.7	0.1
金銀鉱	−	−	−	−	−
金銅鉱	−	−	431.9	−	−
銀鉱	−	−	1.4	−	0.2
銅鉱	−	−	−	−	1.6
鉄鉱	−	−	267.6	0.0	−
黒鉛	59.0	0.1	−	−	31.7
石炭	8.1	17.9	−	713.7	−
その他	−	−	−	−	−
計	115.9	19.4	1,783.5	1,086.8	4,351.0

注) 全朝鮮の鉱産総額=8,402.6千円。

は味噌，醤油，酒など食料加工品と繊維製品であった。食料加工品は各農家がもっぱら自家用に生産した。農村綿工業とくに綿糸生産は開港（1876年）以後，日本，英国の工場製品におされ衰退した。それでも1911年，全朝鮮で綿糸，綿布生産にそれぞれ25万戸，48万戸が従事していた（表1-11）。西鮮の平野地帯では，自家栽培の棉を使って農家の婦女子が紡糸，機織りをおこなった。1914年の統計では，朝鮮北部の綿織農家総数は22万戸であった（同）。

　朝鮮北部では養蚕，製糸，絹織もおこなわれていた。咸鏡南道永興郡は朝鮮北部随一の蚕業地として知られた。同郡の蚕業農家は機業には従事せず，仲買人をつうじて繭を販売した。繭を購入した農家は，器械を使わずに手作業で糸をとった。おもな絹製品は紬で，咸鏡南道では元山，咸興がその重要仕向地であった。平安北道の状況も同様であった。同道の鉄道沿線の市ではおおくの繭が販売された。紬産地は徳川，泰川，寧辺，義州，亀城郡などであった。なかでも泰川紬，寧辺紬は有名であった。他方，平安南道成川郡，江東郡にかんする記述によれば，同地方では繭は主として自家用で，販売用は少なかった。織機は一般に，1戸1台の地機であった。

　表1-11で製造戸数と生産額をみると，金属製品の1戸あたり生産額は繊維製品のそれをおおきく上回った（たとえば西鮮では生糸の7円にたいし300円超）。これは，生糸生産が純然たる農家副業であったのにたいし，村々の金属製品の生産が相対的に専業化していたことを示唆する。

2. 産 業

表1-11 主要工産物, 1911年

		A. 北鮮	B. 西鮮	C. 中鮮	D. 南鮮	E. 計	F.Eの内, 朝鮮人による分
生糸	生産量(貫)	460	3,581	4,530	5,555	14,156*	14,140
	生産額	15,220	101,958	107,499	133,393	358,070	357,569
	製造戸数	n.a. [4,039]	n.a. [15,184]	n.a. [22,860]	n.a. [24,348]	62,618 [66,431]	62,615
麻糸	生産量(貫)	50,490	29,576	39,054	114,223	233,343	233,343
	生産額	84,048	75,166	74,029	188,086	422,179*	422,179
	製造戸数	n.a.	n.a.	n.a.	n.a.	207,082	207,082
綿糸	生産量(貫)	−	39,773	26,537	131,400	197,710	197,710
	生産額	−	100,646	74,462	355,476	530,584	530,584
	製造戸数	n.a.	n.a.	n.a.	n.a.	255,174	255,174
絹布	生産量(疋)	10,754	54,293	30,788	28,011	123,846	123,712
	生産額	46,347	207,325	157,489	128,361	539,522	537,881
	製造戸数	n.a. (5,825)	n.a. (23,739)	n.a. (15,659)	n.a. (12,854)	43,731 (58,007)	43,726
苧麻	生産量(疋)	−	−	101,628	38,189	139,817	139,817
	生産額	−	−	353,348	95,442	448,790	448,790
	製造戸数	n.a. (62)	n.a. (−)	n.a. (17,748)	n.a. (23,278)	39,179 (41,088)	39,179
麻布	生産量(疋)	254,130	150,133	144,162	443,925	992,350	992,229
	生産額	472,973	321,546	263,900	698,173	1,756,592	1,756,388
	製造戸数	n.a. (132,358)	n.a. (78,576)	n.a. (119,356)	n.a. (267,287)	361,621 (597,577)	361,621
綿布	生産量(疋)	1,513	425,816	326,357	746,584	1,500,270	1,494,444
	生産額	3,971	629,991	470,622	1,134,684	2,239,268	2,224,857
	製造戸数	n.a. (2,189)	n.a. (216,157)	n.a. (93,388)	n.a. (397,890)	479,804 (709,624)	479,795
藁縄	生産量(千束)	32	1,547	2,294	1,647	5,520	5,423
	生産額	1,613	88,103	131,413	117,552	338,681	332,032
	製造戸数	n.a.	n.a.	n.a.	n.a.	638,052	638,050
朝鮮鞋(革製)	生産量(足)	8,104	53,952	112,660	58,520	233,236	233,236
	生産額	9,617	72,004	119,477	70,379	271,477	271,477
	製造戸数	n.a. (70)	n.a. (461)	n.a. (152)	n.a. (405)	3,356 (1,088)	3,356

表1-11(続)

	A. 北鮮	B. 西鮮	C. 中鮮	D. 南鮮	E. 計	F.Eの内,朝鮮人による分
朝鮮酒						
生産量(石)	32,998	72,127	238,270	396,452	739,847	738,977
生産額	860,037	1,252,967	2,969,927	4,311,811	9,394,742	9,363,692
製造戸数	n.a.	n.a.	n.a.	n.a.	254,062	254,062
朝鮮醤油						
生産量(石)	63,334	137,571	227,486	328,286	756,677	756,677
生産額	917,246	1,337,132	2,346,341	3,325,658	7,926,377	7,926,377
製造戸数	n.a.	n.a.	n.a.	n.a.	2,183,301	2,183,301
朝鮮味噌						
生産量(千貫)	1,526	1,664	3,614	4,329	11,133	11,133
生産額	400,039	357,036	582,195	766,191	2,105,461	1,964,393
製造戸数	n.a.	n.a.	n.a.	n.a.	2,089,195	2,089,195
金属製品						
生産量(個)	78,704	459,448	637,050	585,949	1,761,151	1,183,961
生産額	75,358	374,183	436,064	303,788	1,189,393	890,899
製造戸数	n.a. (1,010)	n.a. (1,109)	n.a. (942)	n.a. (1,210)	1,849 (4,271)	1,729

注) 金属製品は金銀器,銅器,その他金属器(農具はふくまない)。生産額の単位は円。本来,A+B+C+D=Eであるが,＊印は原数値に誤りがあり,合計値があわない。EとFの差は日本人による生産分。各数値は工産統計による(製造戸数の [ ] 内のみ農産統計)。( )内は1914年の数値。

3. 畜 牛

(1) 育牛・牛耕

当時の日本人観察者は一様に,朝鮮の畜牛の多さに目をひかれた。たとえば,1911年刊行の書物にはつぎの記述がある:「従来朝鮮の如く諸種の生産事業萎靡して振興せざる地に於て独り産牛事業のみ超然として進歩せるは大に奇異とする所なり。」(肥塚 1911:2)。1910年代初,日本,朝鮮とも畜牛総数は約130万頭であった。朝鮮の人口は日

本のそれのおよそ3分の1であったから（1,600万：5,000万），人口比でみるとたしかに，朝鮮は日本よりはるかに牛が多かった。のみならず，朝鮮の牛（黄牛）は優秀であった。観察者によれば，朝鮮の牛は，体格，受胎力，強健さ，粗食・悪環境にたいする耐性の点で，日本の牛より格段にすぐれていた。性格上の特性もあった。それは温和怜悧なことで，御者の命におとなしく従う姿は驚異的とすらいわれた。朝鮮農民は昔から牛を家族同様といえるほど大事にあつかい，その育成・改良につとめた。上記の特性はその成果であった。

朝鮮には乳牛はほとんどいなかった。農民は牛を，3－8歳ぐらいまで耕作・牽引用に飼育し，その後は食肉用として販売した。他方，朝鮮には馬耕の習慣がなかった。馬は非常にすくなく（1914年，総数5万頭），体格も貧弱であった。農民はせまい耕地でも，人力ではなく牛を使って耕作した。朝鮮では伝統的に，耕地面積を牛耕何日分であらわした。これは牛耕の普遍性，重要性を象徴する。牛耕は一般に，北部では2頭犂，南部では1頭犂でおこなわれた。農民は牛の使役に長け，子供でもその技能を身につけていた。

育牛・牛耕の発達要因として日本人観察者は，以下の点を指摘した：土地面積に比して人口が希薄である，放牛可能な山野が多い，風土気候が適す，住民が牛の飼養・管理に堪能である。これは表面的な観察以上のものではない。アジア全体をみると，朝鮮のこの状況はかならずしも奇異ではない。むしろ，この点では近世日本が特異であった。よく知られるように，そこでは牛耕（および馬耕）が衰退

し，人力による耕作に替わったからである。いわゆる勤勉革命は，朝鮮をはじめアジアに普遍的な現象ではなかった[5]。日本人観察者のおどろきは，かれらが自国の事情にとらわれ，せまい視野を脱しえなかった結果と解せよう。

(2) 貸借・預託

1914年，朝鮮全体の畜牛総数は134万頭で，これを農家戸数と対比すると約50％であった（表1-12）。地域別には，北鮮では農家1戸あたりほぼ1頭もしくはそれ以上，西鮮の黄海道，平安南道および朝鮮南部では約0.4-0.5頭であった。このように，育牛がさかんであったとはいえ，北鮮をのぞき，牛は全農家が保有しうるほど多くなかった。各戸の保有状況にはじっさい，大きな偏りがあり，7，8頭から数十頭を保有する富農がいた反面，牛をもたない貧農が多数存在した。

それでは，牛をもたない農家はどのように耕作したのか。それは，他人の牛を使うことによってであった。これには

表1-12　畜牛頭数，1914年

		A. 畜牛総頭数	B. 農家総戸数	C. A/B（農家1戸当り頭数）
北鮮	咸鏡南道	153,037	156,988	0.97
	咸鏡北道	97,045	67,767	1.43
西鮮	黄海道	81,321	213,050	0.38
	平安南道	88,781	169,099	0.53
	平安北道	157,074	174,638	0.90
中鮮		336,066	709,130	0.47
南鮮		425,077	1,090,518	0.39
計		1,338,401	2,581,190	0.52

注）　農家戸数は朝鮮人のみ。

3. 畜 牛

表1-13 畜牛預託頭数,1911-12年平均

		A. 成牛総頭数	B. 成牛預託頭数	C. B/A (%)	D. 子牛総頭数	E. 子牛預託頭数	F. E/D (%)
北 鮮	咸鏡南道	75,555	3,386	4.5	26,373	1,101	4.2
	咸鏡北道	43,908	1,482	3.4	14,723	479	3.3
西 鮮	黄海道	48,399	9,356	19.3	6,599	4,014	60.8
	平安南道	38,818	4,080	10.5	9,238	1,921	20.8
	平安北道	63,046	10,195	16.2	20,727	4,001	19.3
中 鮮		142,169	41,502	29.2	58,848	25,169	42.8
南 鮮		234,611	68,583	29.2	111,973	37,157	33.2
計		646,506	138,584	21.4	248,481	73,842	29.7

大別して以下の3種があった。①耕作委託：牛をもつ農民に耕作を委託する。②短期貸借：必要におうじて牛を借り、みずから使役する。③預託：半年,1－3年といった期間,牛を借り（預かり）,飼育すると同時に使役する。通常は,生後1年未満の子牛または雌の成牛を預託する。費用（飼育費用・斃死したばあいの損害）の分担,果実（使用収益,生まれた子牛）の分配の点で,さまざまな変形がある[6]。

上記の預託（③）はいわゆる家畜小作に相当した[7]。

1911-12年,預託制の普及度は朝鮮北部で低く,朝鮮南部で高かった（表1-13）。とくに北鮮では低かった。この傾向は,農家1戸あたり畜牛頭数のそれと整合的であった。すなわち,相対的に牛が多かった朝鮮北部では,預託に頼るていどが小さかった。

(3) 資産価値

牛の有用性は耕作,食材にとどまらなかった。朝鮮では一般に,運搬手段として牛車をつかった。その請負は貴重な農家副業であった。とくに冬作の不可能な北鮮ではそう

表1-14 畜牛総価額, 1914年と土地総価額, 1918年(千円)

		A. 畜牛総価額, 1914年	B. 土地総価額, 1918年末	C. A/B (%)
北鮮	咸鏡南道	3,755	17,800	21.1
	咸鏡北道	3,286	9,198	35.7
西鮮	黄海道	1,915	74,567	2.6
	平安南道	2,673	34,565	7.7
	平安北道	3,420	27,853	12.3
中鮮		7,206	264,494	2.7
南鮮		8,642	452,179	1.9
計		30,897	880,656	3.5

注) 畜牛総価額は, 家畜市場の売買価額と売買頭数から単価を求め, これに総頭数を乗じて算出した。

であった。さらに糞と骨は肥料, 皮は軍靴や馬具など皮製品の材料となった。そのため多くの生牛, 牛皮, 牛骨が輸出された。それらは朝鮮の主要輸出品であった（1908年, 対日生牛輸出－食用・役畜用として1.8万頭；対ウラジオストック同－食用として5.5千頭）（肥塚 1911：102－03）。

上記の多様な需要は畜牛の資産価値をたかめた。表1-14A欄は畜牛総価額の試算結果（1914年）, 同B欄は土地調査にもとづく土地総価額（1918年）を示す。これによると, 前者の後者にたいする比率は, 朝鮮南部では2－3％にすぎなかった。他方, 黄海道をのぞく朝鮮北部ではよりたかく, とくに北鮮では20－35％にたっした。北鮮の一地域では俗に「老父死すとも一家窮せず, 家牛斃るれば一家窮す」といわれるほど, 牛が貴重であった。上表の数値はこの状況を反映する。

4. 食物消費と教育

(1) 食物消費

　朝鮮北部では米食は，一部の都市富裕民と上層農民にかぎられていた。一般民は雑穀を常食とした。たとえば，西鮮の米産地でも中流以下の農民はほとんど米食をせず，粟，小豆，稗，麦の混食をふつうとした。副食物は主に蔬菜の塩づけで，春から初夏にかけては山菜の摂取がおおかった。ほかに干魚，牛・豚・鶏・犬肉を副食としたが，その機会はすくなかった。北鮮でも同様で，粟，稗，麦，ジャガイモ，大豆，小豆などの混食が一般的であった。1915年の咸鏡北道米食調査結果によると，米を常食とする者は全体の1％以下で，その大部分は都市（清津・城津）の住民であった（表1-15）。道民の半数以上は，年間をとおしてまったく米を食べなかった。

　山菜は，山野に自生するノビル，ワラビ，タンポポ，セリ，キキョウ，カズラ，ハコベ，ナズナ，ヒルガオなどが代表的なものであった。南北をとわず朝鮮半島で飢饉がひ

表1-15　朝鮮人の米食調査（1915年11月）結果，咸鏡北道

	調査人口総数	常食者	年のうち2/3食す	年のうち1/3食す	冠婚葬祭時のみ食す	食せず
道全体	491,301	4,822	13,684	31,279	184,398	257,118
内：清津	4,236	3,468	83 (83)	156 (156)	156	373
：城津	62,119	632	2,707	13,410 (667)	26,910	18,460

注）（　）内は外国砕米を食する者の数。
出所）『朝鮮農会報』第11巻第6号，1916：67-68。

表1-16 初等教育機関と就学者，1912年3月末日現在

	北　鮮		西　鮮			中　鮮	南　鮮	計
	咸鏡南道	咸鏡北道	黄海道	平安南道	平安北道			
A．書堂数	1,652	345	1,606	1,069	1,728	4,568	5,572	16,540
B．同児童数	15,083	4,040	12,683	10,862	19,881	31,777	47,278	141,604
C．私立学校数	159	40	145	318	282	321	201	1,466
D．同児童数	6,694	1,323	3,670	11,629	9,035	18,018	7,163	57,532
E．普通学校数	12	12	15	21	22	99	125	306
F．同児童数	1,879	1,516	1,420	2,145	2,165	10,939	12,320	32,384
G．児童総数 (B+D+F)	23,656	6,879	17,773	24,636	31,081	60,734	66,761	231,520
H．朝鮮人総人口（千人）	945.1	436.0	1,010.8	914.5	999.0	3,805.0	5,722.1	13,832.5
I．G/(H×10), %	2.5	1.6	1.8	2.7	3.1	1.6	1.2	1.7

注）　総人口には過少評価がある。書堂児童数にも同様の可能性がある。

んぱんに起ったことは，以下のような救荒食物調理法の発達が証する：葛粉－葛の根を細粉し粥や餅にする，松皮－松の内皮を水にひたし，乾燥させ細粉する，粟稗－細切り，煮煎，臼挽きまたは細粉し，春草をまぜて粥にする[8]。

(2) 教　育

朝鮮には，書堂とよばれる伝統的な初等教育機関が存在した。これは通常，教師ひとりに10人ていどの児童がまなぶ私塾であった。わが国の寺子屋に相当したが，つぎの点で相違した：就学児童がほぼ全員，男子であった，寺子屋の教科が実用的な内容を豊富にふくんでいたのにたいし，

書堂の教育はほぼ100パーセント儒学の古典に依っていた。1890年代に入ると,知識人による近代的私立学校の設立が活発になった。その大半は小規模の初等または中等教育機関であった。1900年代後半には統監府が普通学校(日本の小学校にあたる)を開設した。1912年現在,書堂は全朝鮮で16,540か所にのぼり,私立学校,普通学校よりはるかに多かった(表1-16)。書堂をふくむ諸学校の児童総数・人口比は全朝鮮で1.7%であった。後年のデータを参考に学齢児童数を全人口の15-20%と仮定すると,これは8-11%の就学率に相当する。この数値をどう評価すべきかはいちがいにはいえないが,20世紀初頭にもかかわらず,明治最初期,1874年の日本の小学校就学率(32%)よりはるかに低水準であった(文部省 1964:第1統計表)。日本のこの就学率は江戸期の実績を基礎としていたから,近代以前,朝鮮の初等教育が日本に比して未発展であったことは確かである。地域的には,最高は西鮮,次いで北鮮,中鮮,南鮮の順であった。すなわち,教育は北部のほうが相対的に普及していた[9]。

5. まとめ

初期の朝鮮北部は,以下のように特徴づけることができる。
(i) 市場経済の発展がおくれていた。
(ii) 農業は粗放的で土地生産性がひくかった。生産性の向上よりも,収穫全失リスクの軽減を重視する農法が発達していた。

(iii) 鉱業は金鉱と無煙炭鉱以外,ほとんど未開発であった。
(iv) 工業は農家副業が大半であった。
(v) 畜牛の重要性が大きく,とくに北鮮の経済は畜牛によって成り立つ「牛経済」であった。
(vi) 住民の食生活は非常にまずしく,米食は例外的であった。教育の普及度も低かった。しかし,朝鮮南部よりは高かった。

こうした特徴は,見方をかえると,発展のポテンシャルが大きかったことを意味する。

注
1) 「本州北区」:新潟,福島,宮城,山形,秋田,岩手,青森県。
2) 李朝末期の貨幣については,木村・浦長瀬(1987)参照。
3) より詳細な議論は,木村(1989)参照。
4) 李朝政府は金銀開発に積極的ではなかった。日本では戦国期から金銀採掘量が大きく増え,江戸期の貨幣経済発展の基礎となった。両国のこの対照はその後の経済発展の観点から非常に興味深い。
5) 朴二澤によれば,李朝前期の朝鮮では両班地主が,奴隷労働にちかい強制労働を利用して農業経営をおこなっていた。後期にはそれがより自由度のたかい小作労働に変わった。その結果,農民の勤労意欲が向上し,小農経営が発展した。かれはこれを「勤労革命」と呼んだ(朴二澤 2005:46-47)。しかしこの議論は十分な実証と考察を経たものとはいいがたい。朴基炷は対照的に,李朝後期,17世紀から19世紀にかけて土地生産性が1/3に低下したという。その主因は灌漑施設の不備,山林荒廃,自然災害,地力枯渇であった(朴基炷 2005:84-87)。ここで,1/3への低下はあまりに大きく,非現実的に思える。結論は今後の研究の進展をまたねばならない。

5. まとめ

6) 朝鮮在住の日本人農業関係者は牛の預託制に関心をよせ, 種々の調査結果をのこした (一例は『朝鮮農会報』第8巻第8号 - 第12号, 1913)。

7) この分野のある研究者は預託と家畜小作を区別し, 前者を飼育の委託のみおこなうもの (預託主が受託者に飼育費用を払う), 後者を分益 (果実の分配) 契約をともなうものとしている (宮坂 1961：4)。家畜小作は日本では仔分, 飼い分, 生み分など, 地域によってさまざまな名で呼ばれた。朝鮮でも同様で, baenae (産むの意, 慶尚道), ssiasso (種牛の意, 全羅道) といった名称があった (鄭在貞ソウル市立大学教授の教示による)。

8) 1909年, 咸鏡南道文川郡で飢饉がおこり, 相当数の農民が豆粥, 草根木皮で命をつなぐ状態におちいった。移住する者も少なくなかった (『韓国中央農会報』第3巻第3号, 1909：47-48)。

9) 朝鮮では伝統的に, 南部とくに慶尚道で儒学がさかんで, そこでは儒生の数もまた多かった。この事実から, 初等教育の普及度は相対的に朝鮮南部で高かったと想定されるかもしれない。しかしデータはこれをうらぎる。その明確な理由は不明であるが, 以下のように考えれば説明がつく：「儒学をになう両班支配層は庶民教育にたいして抑圧的であった」。朝鮮社会では儒学の知識が社会的地位の前提であった。その下では, 両班は教育機会を独占することに利益をみいだしたであろう。朝鮮北部では両班の勢力がよわかったため, 庶民にたいし教育機会が開放的であったといえるかもしれない。

第2章 農　　業

　これまで,日本統治下朝鮮の農業生産についてはおおくの研究がある。しかしその大部分は朝鮮全体を対象としており,朝鮮北部に焦点を当てた研究はすくない。戦前,東畑・大川 (1935)・(1939) は,併合後の朝鮮の米作発展を数量的に分析し,発展の中心が北部にあった事実を指摘した。本章ではこの点をふくめ,地域別に生産統計を調べる。対象は食糧作物—米,麦,雑穀,豆類,イモ類—に限定する。

　朝鮮の1910年代の統計は一般に信頼性がひくい。総督府の農業生産や人口の統計には大幅な過小評価がある[1]。1918年,土地調査が完了し,農産統計の精度が格段に向上した。1936年には,より精密な生産高調査法—坪刈り法が導入され,米生産統計の精度がさらに高まった[2]。麦については,坪刈り法は1942年秋にはじめて計画された (実施されたかどうかは不明)。こうした点を考慮し,以下では1917年以前を検討対象から除く。1936年前後の米生産統計の不連続は,現段階では地域ごとに調整する方法をみいだせないので,そのままとする[3]。戦後については,統計の信頼性自体が重要な検討課題である。

　以下,主要な食糧作物—米,大麦,粟,大豆,ジャガイモについて戦前の変化を観察したのち,総合的な考察をお

こなう。つぎに戦後の北朝鮮政府の同種統計を検証する。最後に食糧消費についてかんたんに述べ、むすびにかえる。

1. 戦前

(1) 米

朝鮮北部の米生産については1920-30年代，次の変化があった。第1に作付面積がおおきく増えた：1918/20-38/40年間，北鮮では4.8万町歩から8.5万町歩，西鮮では27万町歩から33万町歩（表2-1）。第2に反収（土地生産性）が伸びたことから，生産量が作付面積以上に増加した。第3に生産増が人口増を上回り，1人当り生産量が増加した。とくに，北鮮や西鮮の平安北道では倍増もしくはそれ以上

表2-1 米生産統計, 1918/20, 28/30, 38/40年

	年	北 鮮		西 鮮			中鮮	南鮮	計
		咸鏡南道	咸鏡北道	黄海道	平安南道	平安北道			
A. 作付面積 （千町歩）	1918/20	41	7	125	68	73	508	725	1,547
	1928/30	51	15	128	77	85	517	731	1,604
	1938/40	67	18	148	88	96	469	626	1,512
B. 生産量 （千石）	1918/20	357	50	920	474	486	4,383	7,634	14,303
	1928/30	491	148	1,072	778	963	4,431	7,580	15,465
	1938/40	977	221	2,074	1,153	1,611	5,545	8,427	20,008
C. 反収 （石）	1918/20	0.86	0.71	0.74	0.70	0.67	0.86	1.05	0.92
	1928/30	0.97	1.00	0.84	1.01	1.13	0.86	1.04	0.96
	1938/40	1.46	1.20	1.40	1.30	1.68	1.18	1.35	1.32
D. 1人当り 生産量 （石）	1918/20	0.29	0.10	0.71	0.42	0.39	0.91	1.11	0.83
	1928/30	0.35	0.22	0.76	0.61	0.67	0.82	0.99	0.80
	1938/40	0.59	0.24	1.20	0.75	0.97	0.84	0.97	0.88

注) A-Cは表記年の3年平均．Dは，表記年の平均生産量を中間年の人口数（たとえば1918/20のばあい，1919年の人口数）で割った値．

表 2-2　稲改良品種の普及, 1940年

作付面積　（千町歩）	北　　鮮		西　　鮮		
	咸鏡南道	咸鏡北道	黄海道	平安南道	平安北道
陸羽132号	56	–	10	34	78
小田代	–	9	–	–	–
早生大野	4	5	–	–	–
その他	7	5	136	49	17
計	67	19	146	83	95

注）　黄海道のその他品種のなかでもっとも多かったのは，赤神力（5.7万町歩），ついで中生銀坊主（3.9万町歩）であった。
出所）　朝鮮総督府農林局（1942）。

の増加を記録した。こうした点は朝鮮南部と対照的であった。そこでは作付面積が減少傾向にあった。反収は増加したが小幅にすぎず，30年代には朝鮮北部に追い越されるほどであった。その結果，生産増加率は北部を下回った。これを反映し，1人当り生産における対北優位性が縮小した。

　20-30年代，朝鮮北部の米作発展を促進した重要な技術要因は品種改良であった。改良品種の普及率は100％で，西鮮と咸鏡南道では陸羽132号，咸鏡北道では小田代および早生大野がもっとも多かった（表2-2）。これらは日本の東北地方から導入された寒冷地むけの品種であった（陸羽132号は秋田，小田代は青森，早生大野は山形から）。そのほか肥料増投，灌漑整備の貢献も大きかった。

（2）その他——大麦・粟・大豆・ジャガイモ

　大麦の生産は朝鮮南部に集中し，この傾向は1920年代から40年まで不変であった（表2-3）。逆に，粟は一貫して朝鮮北部中心であった（表2-4）。北部の粟生産量は20年代，大きく変わらなかった。30年代には反収が低下し，衰

第2章 農　業

表2-3　大麦生産統計，1918/20，28/30，38/40年

	年	北　鮮		西　鮮			中　鮮	南　鮮	計
		咸鏡南道	咸鏡北道	黄海道	平安南道	平安北道			
A. 作付面積 (千町)	1918/20	37	44	14	17	10	216	392	730
	1928/30	35	45	14	17	6	248	505	871
	1938/40	42	43	8	17	6	297	413	826
B. 生産量 (千石)	1918/20	233	242	95	151	65	1,879	4,131	6,797
	1928/30	196	207	87	141	50	1,702	4,735	7,117
	1938/40	235	220	71	136	25	2,705	3,900	7,290
C. 反収 (石)	1918/20	0.62	0.56	0.67	0.89	0.67	0.87	1.05	0.93
	1928/30	0.56	0.46	0.60	0.83	0.79	0.69	0.94	0.82
	1938/40	0.56	0.51	0.83	0.78	0.44	1.10	0.94	0.88
D. 1人当り生産量 (石)	1918/20	0.19	0.46	0.07	0.13	0.05	0.39	0.60	0.40
	1928/30	0.14	0.31	0.06	0.11	0.04	0.32	0.61	0.37
	1938/40	0.14	0.24	0.04	0.09	0.02	0.41	0.45	0.32

注)　表2-1と同じ（以下，同）。

表2-4　粟生産統計，1918/20，28/30，38/40年

	年	北　鮮		西　鮮			中鮮	南鮮	計
		咸鏡南道	咸鏡北道	黄海道	平安南道	平安北道			
A. 作付面積 (千町歩)	1918/20	74	65	182	126	112	128	83	771
	1928/30	85	69	178	125	119	129	94	797
	1938/40	75	63	162	120	108	122	115	765
B. 生産量 (千石)	1918/20	485	390	1,279	951	718	719	629	5,172
	1928/30	570	446	1,171	1,022	717	717	707	5,350
	1938/40	407	370	1,100	907	652	511	896	4,842
C. 反収 (石)	1918/20	0.65	0.60	0.70	0.75	0.64	0.56	0.76	0.67
	1928/30	0.67	0.65	0.66	0.82	0.60	0.55	0.75	0.67
	1938/40	0.54	0.59	0.68	0.76	0.60	0.42	0.78	0.63
D. 1人当り生産量 (石)	1918/20	0.39	0.74	0.98	0.84	0.58	0.15	0.01	0.30
	1928/30	0.41	0.66	0.83	0.80	0.50	0.13	0.09	0.28
	1938/40	0.24	0.40	0.64	0.59	0.39	0.08	0.10	0.21

1. 戦前

表2-5 大豆生産統計，1918/20，28/30，38/40年

	年	北鮮		西鮮			中鮮	南鮮	計
		咸鏡南道	咸鏡北道	黄海道	平安南道	平安北道			
A. 作付面積 (千町歩)	1918/20	57	49	79	50	64	226	234	758
	1928/30	61	63	93	54	73	236	214	764
	1938/40	71	68	101	53	80	209	141	723
B. 生産量 (千石)	1918/20	284	215	435	274	324	1,267	1,513	4,313
	1928/30	332	367	491	323	382	1,174	1,028	4,097
	1938/40	288	319	481	258	370	845	595	3,156
C. 反収 (石)	1918/20	0.50	0.44	0.55	0.55	0.51	0.56	0.65	0.57
	1928/30	0.54	0.59	0.53	0.60	0.52	0.50	0.48	0.52
	1938/40	0.41	0.47	0.48	0.49	0.46	0.40	0.42	0.44
D. 1人当り生産量 (石)	1918/20	0.23	0.41	0.33	0.24	0.26	0.26	0.22	0.33
	1928/30	0.24	0.54	0.35	0.25	0.27	0.22	0.13	0.21
	1938/40	0.17	0.34	0.28	0.17	0.22	0.13	0.07	0.14

表2-6 ジャガイモ生産統計，1918/20，28/30，38/40年

	年	北鮮		西鮮			中鮮	南鮮	計
		咸鏡南道	咸鏡北道	黄海道	平安南道	平安北道			
A. 作付面積 (千町歩)	1918/20	34	8	1	4	5	13	4	70
	1928/30	41	10	2	6	7	17	5	87
	1938/40	58	14	3	6	7	29	8	126
B. 生産量 (百万貫)	1918/20	55	14	2	5	11	24	8	119
	1928/30	58	18	3	7	12	30	7	135
	1938/40	73	21	4	10	11	47	10	176
C. 反収 (貫)	1918/20	163	174	165	127	197	182	189	170
	1928/30	143	176	167	130	175	175	133	155
	1938/40	126	149	149	170	151	181	133	140
E. 1人当り生産量 (貫)	1918/20	44	27	2	4	8	5	1	7
	1928/30	42	26	2	6	8	6	1	7
	1938/40	44	22	2	7	7	7	1	8

退傾向を示した。大豆は南北各地方で万遍なく栽培された（表2-5）。北部の大豆生産は20年代には伸びたが，のち停滞傾向に陥った。ジャガイモの主産地は北鮮とくに咸鏡南道であった（表2-6）。その生産は20，30年代，増加傾向を示した。

(3) 総　合

上記に大麦以外の各種麦等をくわえ，各作物の生産データをトン単位で表示する（本章末付表）。同表の注目点のひとつは，1930年代後半に西鮮で，米の生産量が麦・雑穀のそれを上回ったことである。すなわち米作拡大の結果，西鮮は米作中心の地域になった。これにたいし，北鮮ではイモ類－大半はジャガイモ－の生産量が麦・雑穀のそれを凌駕するに至った。朝鮮北部の全食糧作物の生産量は1920年代，停滞したが，30年代には増大傾向を示した。ピークは1937年で，戦時期には減少した。全食糧作物の生産で朝鮮北部が朝鮮全体に占める割合は，1939年（朝鮮南部で米が大凶作であった）と41年を除くと，36-40％の間であった。1人当りでは，北鮮と西鮮の値はほぼ一貫して中鮮，南鮮のそれより高かった。とくに北鮮の優位性が目立った。それは主として，ジャガイモの生産が多かったことによる。時系列では北鮮で低下傾向が認められる。他の地域では明確な長期トレンドをみいだせない。

2．戦　後

初期の北朝鮮政府の公表統計は，その後のものにくらべ

2. 戦 後

詳細である。のみならず質的にもかなり信頼できるとして,ひろく引用されてきた。しかしその信頼性の考証はこれまでほとんどおこなわれていない。ここでは食糧生産統計について調べる。表2-7は1944-57年の食糧(穀物・イモ類)生産データである[4]。同表の疑問点のひとつは,朝鮮戦争中,穀物の総作付面積が増大したことである(1951年1,904, 1952年2,062, 1953年2,103千町歩)。戦闘で国土が破壊された一方,労働力・資材の不足が極限にたっした中で,作付増大が生じたのは不自然である。じつは金日成は1952年12月の演説で,戦争中の作付面積の減少に触れていた:「農業省はいまだに作付面積を戦前の水準に回復していない。現在7万ヘクタールの農地が耕されていない……ところが農業省の一部の幹部は,戦時の困難な条件にかこつけて作付面積を縮小しようとする正しくない考えをもっている」(金日成 1981:367)。朝鮮戦争後は,1954-57年,米作が急成長した。とくに反収が増大した。これは真実であろうか。この間,農業集団化が急速に進展し,農民・耕地の協同組合への統合率は30%から90%に高まった。公式には協同組合の設立は農民が自発的におこなったとされるが,これは他の社会主義諸国と同様,虚偽であった。じっさいは党・政府の命令によるもので,国家による農地取り上げに他ならなかった。農作業の統制,収穫物の供出はそれ以前からおこなわれていたが,それがいっそうつよまった。この状況下で生産性上昇が継続的に起ったとは考えにくい。反面,同表で54-57年にトウモロコシの作付,生産が大きく増えたことは事実とみてよい。当時,政府は粟や麦をトウモロコシに転換する政策を強力に推進していた。トウモ

表2-7 北朝鮮政府の穀物・イモ類生産統計，1944-57年

	年	穀物計	内						イモ類	内
			米	トウモロコシ	大麦・小麦	粟	キビ	大豆		ジャガイモ
A. 作付面積 (千町歩)	1944	1,966	400	173	306	434	68	332	139	121
	1946	1,670	388	174	185	396	61	245	113	100
	1947	2,013	420	239	235	385	74	352	110	96
	1948	2,127	444	275	282	366	68	337	112	99
	1949	2,112	382	282	309	369	65	322	120	104
	1951	1,904	380	249	232	346	76	355	83	77
	1952	2,062	406	247	291	357	85	353	85	80
	1953	2,103	432	241	283	401	87	340	86	78
	1954	2,111	452	236	274	365	84	352	86	74
	1955	2,099	455	335	319	310	83	308	92	80
	1956	2,165	493	608	290	171	54	340	122	104
	1957	2,255	500	759	248	82	37	391	159	136
B. 生産量 (千トン)	1944	2,417	1,008	116	250	533	96	208	775	661
	1946	1,898	1,052	156	84	257	61	143	492	424
	1947	2,069	1,101	193	131	235	69	188	544	444
	1948	2,668	1,350	333	153	329	91	195	697	553
	1949	2,654	1,158	375	212	394	103	191	782	616
	1951	2,260	935	357	152	321	118	245	582	520
	1952	2,450	1,085	346	191	375	123	166	581	526
	1953	2,327	1,229	224	162	268	87	268	412	344
	1954	2,230	1,025	307	196	273	87	196	647	500
	1955	2,340	1,242	361	197	222	95	128	619	512
	1956	2,873	1,392	760	183	117	71	230	948	761
	1957	3,201	1,459	1,130	164	58	58	206	1,186	965
C. 反収 (トン)	1944	0.12	0.25	0.07	0.08	0.12	0.14	0.06	0.56	0.55
	1946	0.11	0.27	0.09	0.05	0.06	0.10	0.06	0.44	0.42
	1947	0.10	0.26	0.08	0.06	0.06	0.09	0.05	0.49	0.46
	1948	0.13	0.30	0.12	0.05	0.09	0.13	0.06	0.62	0.56
	1949	0.13	0.30	0.13	0.07	0.11	0.16	0.06	0.65	0.59
	1951	0.12	0.25	0.14	0.07	0.09	0.16	0.07	0.70	0.68
	1952	0.12	0.27	0.14	0.07	0.10	0.14	0.05	0.68	0.66
	1953	0.11	0.28	0.09	0.06	0.07	0.10	0.06	0.48	0.44
	1954	0.11	0.23	0.13	0.07	0.07	0.10	0.06	0.75	0.67
	1955	0.11	0.27	0.11	0.06	0.07	0.12	0.04	0.67	0.64
	1956	0.13	0.28	0.12	0.06	0.07	0.13	0.07	0.78	0.73
	1957	0.14	0.29	0.15	0.07	0.07	0.16	0.05	0.75	0.71

出所) U. S. Department of Commerce (1960：58-59, 68-69, 72-73).

ロコシ作の増大はこの政策の反映であった。

　日本統治期、とくに戦時中のデータと照合すると何がいえるか。「はじめに」で述べたように、38度線以北はほぼ、朝鮮北部（北鮮・西鮮）と江原道北部を合わせた地域である。江原道の部分は相対的に小さいのでこれを無視し、朝鮮北部と戦後北朝鮮のデータを対照させると、1944年の朝鮮北部の各主要作物の作付面積（表2-8）は、前表2-7の数値とほぼ一致する。反面、生産量は相違する。とくに米と粟の数値は表2-7のほうがはるかに大きい。日本統治期の米生産データは玄米ベースであるが、戦後のデータのベースは不明である。もし後者が籾ベースであったとすれば、玄米ベースに換算する必要がある。換算率を0.8とし、表2-7の1944年の数値、1,008（千トン）に乗ずると806となり、表2-8の数値、834に近くなる。しかし粟に

表2-8　主要穀物・ジャガイモ生産統計，朝鮮北部，1941-44年

	年	米	トウモロコシ	大麦・小麦	粟	大豆	ジャガイモ
A．作付面積 （千町歩）	1941	414	131	266	442	352	86
	1942	365	133	292	460	299	86
	1943	375	161	263	402	319	97
	1944	399	170	307	445	324	110
B．生産量 （千トン）	1941	815	101	169	328	189	393
	1942	705	103	141	304	117	235
	1943	718	131	169	391	157	435
	1944	834	127	214	346	211	613
C．反収 （トン）	1941	0.20	0.08	0.06	0.07	0.05	0.46
	1942	0.19	0.08	0.05	0.07	0.04	0.27
	1943	0.19	0.08	0.06	0.10	0.05	0.45
	1944	0.21	0.07	0.07	0.08	0.07	0.56

出所）　朝鮮銀行調査部（1948：42-49），大韓民国農林部（1952：104-05）。

かんしては，表2-7の1944年の数値は表2-8のそれの1.54倍にも上る。これは測定ベースの違いでは説明できない。

表2-7と表2-8のデータ比較で目立つ他の点は，米の反収が1946年以降，1941-44年の水準を大きく上回ったことである。他の作物ではその差は小さく，変化に不連続性はみえない。米についてはさらに，部分的ではあるが，道別の比較が可能である（表2-9, 10）。表2-9の黄海南道・北道は表2-10の黄海道に相当する。同じく表2-9の平安南道・平壌市，平安北道・慈江道はそれぞれ，表2-10の平安南道，平安北道に相当する[5]。これらの表で，1944年と1949年の作付面積は，1949年の黄海南・北道の数値が異常に小さい以外，それほど不連続ではない。他方，生産量は，黄海南・北道を除き，1949年の数値が1944年の数値を大幅に上回る。これは，49年の反収の値が高かったからである。1949年以降は，咸鏡北道を除く各道で生産が増大した。反収も高水準であった。このように，地方別の米生産量にかんする戦後の数値は全体として，戦前の水準から大きく乖離している。

長期的観点からとくに注目すべきは，戦後の統計で1人当り生産量が戦前にくらべてどのような値を示すかという点である。表2-11で，1人当り食糧生産は1946年の0.26トンから1957年には0.45トンに，同じく1人当り米生産は0.11トンから0.15トンにそれぞれ急増した。戦前，これらが最高値を記録したのは1937年で，それぞれ0.44, 0.14トンであった（付表）から，北朝鮮政府の統計によれば，戦後10数年を経て戦前の最高水準に復帰した。この点を朝鮮

2. 戦 後

表2-9 北朝鮮政府の米生産統計,地域別,1949-57年

	年	咸鏡北道	黄海南道・北道	平安南道・平壌市	平安北道・慈江道
A. 作付面積 (千町歩)	1949	27	61	70	95
	1953	27	138	78	94
	1956	29	158	99	98
	1957	27	161	103	98
B. 生産量 (千トン)	1949	80	213	203	307
	1953	52	445	221	283
	1956	44	435	261	303
	1957	53	448	348	314
C. 反収 (トン)	1949	0.30	0.35	0.29	0.32
	1953	0.19	0.32	0.28	0.30
	1956	0.15	0.28	0.26	0.31
	1957	0.20	0.28	0.34	0.32

出所) U.S. Department of Commerce (1960:71).

表2-10 米生産統計,咸鏡北道,黄海道,平安南・北道,1941-44年

	年	咸鏡北道	黄海道	平安南道	平安北道
A. 作付面積 (千町歩)	1941	19	149	83	95
	1942	17	140	69	86
	1943	17	131	75	89
	1944	18	143	79	94
B. 生産量 (千トン)	1941	5	328	155	219
	1942	25	302	110	191
	1943	27	215	142	209
	1944	41	257	156	237
C. 反収 (トン)	1941	0.03	0.22	0.19	0.23
	1942	0.15	0.22	0.16	0.22
	1943	0.16	0.16	0.19	0.24
	1944	0.23	0.18	0.20	0.25

出所) 朝鮮銀行調査部 (1948:42-43)。

第2章 農業

表2-11 北朝鮮の人口と食糧生産，1946-57年

年	人口 (千人)	食糧生産 (千トン)	同，1人 当り(トン)	1人当り米 生産(トン)
1946	9,257	2,390	0.26	0.11
1949	9,622	3,436	0.36	0.12
1953	8,491	2,739	0.32	0.14
1954	8,771	2,877	0.33	0.12
1955	9,063	2,959	0.33	0.14
1956	9,359	3,821	0.41	0.15
1957	9,691	4,387	0.45	0.15

注) 食糧は穀物とイモ類の合計。人口は韓国の研究機関による推定を含む。
出所) U. S. Department of Commerce (1960：68-69)，国土統一院調査研究室 (1986：93)。

　南部・韓国と比較すると，戦時期から帝国崩壊，さらに朝鮮戦争という衝撃がつづく中で，韓国では戦前にくらべて1人当り食糧生産(穀物・イモ類)，同米生産は大きく低下した。すなわち1920-30年代，前者は0.26-0.32トン，後者は0.13-0.16トンであったが，1946年にはそれぞれ0.15トン，0.09トンに減少し，以後も，1949年，0.18トン，0.11トン，1955年，0.19トン，0.10トン，1958年，0.18トン，0.10トンと低迷した(朝鮮銀行調査部 1948：Ⅲ-11，農協中央会調査部 1965：53，871)[6]。北朝鮮で1946年から50年代中，食糧生産条件が韓国にくらべて有利であったとみる根拠はとぼしい。農具，肥料その他すべてがおおはばに不足していた(木村 1999：55-56)。1957年までに北朝鮮の食糧生産が戦前の最高値に回復したとは信じがたい。

　それでは北朝鮮政府が正確な統計をもっていながらそれを秘匿し，外部むけには過大な数値を発表した可能性はあるのだろうか。これは従来から研究者の関心をあつめた

「二重帳簿」問題である。ソ連軍占領期（日本の敗戦後から1948年9月まで）については，いわゆる北朝鮮捕獲文書が参考になる。同文書を調査した研究によれば，当時，中央行政機関は地方からの不正確な生産報告に悩まされていた。その要因のひとつは，現物税増収のために，地方行政機関が生産量を意図的に過大に査定したことである（これはまた，越南者——朝鮮戦争中に北から南に逃れた人びと——が一致して証言する）。他は技術的要因であった。すなわち当時の村落資料には，穀物生産量の測定基準として籾と玄米，単位として叺，石，キログラムが混用されていた（木村1999：52-53）。これでは正しい集計は容易ではない。朝鮮戦争後は，1956年11月（米とトウモロコシの脱穀期）に北朝鮮をおとずれたソ連人農業顧問の貴重な報告がある。同顧問によると，視察時点で北朝鮮政府は穀物収穫量の正確なデータをもっていなかった（木村編訳 2011：387）。農業生産量を把握する点で政府の能力に問題があったことから，二重帳簿が存在したとは考えがたい。北朝鮮政府は韓国との対抗上，経済実績を内外にアピールするつよい動機をもっていた。表2-7の統計は，正確な情報を欠いた状況下，政府が過大に作り上げたプロパガンダの一種というべきである。

3．むすびにかえて

上述のように全食糧作物の1人当り生産量は，1920年代から朝鮮北部——とくに北鮮——が南部を上回った。北部で，食糧生産——1人当り0.3-0.4トン——がもしすべて消費に当

てられたならば，住民の生存維持に十分であったであろう。しかし消費量は，外国・内国交易量を加減してはじめて知りうる。これは非常に困難な作業である。1938年にかぎって外国輸出入のみ調整して朝鮮北部の消費量を推計した結果は，0.28トン（穀物のみ，イモ類をのぞく）であった（木村 1999：203)[7]。この量ならば飢餓は起らないといえよう。戦時末期になると南北とも，生産減により食糧事情が悪化した[8]。農村では，鉱工業労働者むけの供出増のため，状況がいっそう深刻となった。

　戦後は穀物の輸出入・生産比が大きく低下したため，おおむね生産量を国内消費量とみなしうる。1945-46年，政治経済の混乱のなかで食糧生産が大きく減少し，一部地域では飢餓が生じた（同：57-58）。その後，生産は若干回復したものの，朝鮮戦争によりふたたびおちこんだ。停戦後それがどこまで再回復したのか，はっきりしたことはいえないが，食糧事情がきびしかったことは否定しえない。生産から消費にいたる過程ではつぎのような問題もあった：「米の収穫は10月中に行なわれ，北部では11月5日まで続いた。刈取られた稲は長く田に放置され，所々水に沈んだ。そのうえ11月になると，夜間の厳寒の中で凍りつき，塊となった。11月中旬，すべての作物が収穫された」（前掲，1956年ソ連人農業顧問の報告）（木村編訳 2011：392）。前章でみたように，朝鮮北部では通常10月半ばまでに初霜をむかえる。刈取り，脱穀が11月までかかることは本来ありえない。外部観察者の目に入るほど収穫ロスが生じたのはうなずける。消費可能な穀物量はこれによって何割か減少したであろう[9]。ハンガリー大使館員の報告によれば，1955年春，

3. むすびにかえて

各地で飢餓状況がみられた。それは北鮮とくに咸鏡北道で深刻であっただけでなく、平野部の黄海道や首都の平壌の住民も被害を免れなかったという (Szalontai 2005：65)[10]。50年代末には10万人もの餓死者が出たとの説もある（李英和 1994：146）。

上記ソ連人の報告はまた、トウモロコシの作付拡大がソ連の勧告によっておこなわれたと述べた（木村編訳 2011：394）。農民は風味と調理の容易さから粟を好み、粟の作付を削減しないよう党委員会に要請した。しかし党はそれを拒絶し、作付転換をいっそうすすめた。その結果、北朝鮮一般住民のトウモロコシ食への依存度は年ごとに高まった[11]。金日成は米の意義を重視し「米は社会主義である」と語ったが、それは、一部の特権層をのぞき、北朝鮮の人々にとって空虚な言葉でありつづけたのである。

注

1) 戦前の農業生産統計の作成方法については、金承美（2012）参照。

2) これは米穀統制強化策の一環として行なわれた。くわしくは、朝鮮総督府農林局米穀課（1938：20-21, 141-57）参照。

3) この点をふくめ、戦前の米生産統計の修正については、朴ソプ（2001）参照。

4) ロシア語の統計集（ソ連ゴスプラン刊行）を米商務省が英訳した文献から採った。収録データはもともと北朝鮮政府が公表したものである。

5) 咸鏡南道は1945年前・後で比較ができないので、ここには記していない。「はじめに」注4参照。

6) 1960年代も韓国の食糧とくに米の生産は総量では増加したが、1人当りでは1920-30年代の水準に戻らなかった。韓国は米、小麦を輸入する一方、野菜、畜産物、魚といった副食物のおおはば

な生産増によって国内消費をまかなった。この状態は70年代後半まで続いた。1人当り米生産量は1981年でも0.14トンにとどまった。これは生産能力の低下ではなく、生活水準が向上し食料消費の多様化、米の需要減が生じた結果である（木村2013：55）。以後、米の生産はしだいに過剰となった。日本では戦後、1人当り米生産量は60年代なかばに戦前のピーク（30年代なかば、約0.15トン）にほぼ達した（農政調査委員会編 1977：338-39）。

7） 朝鮮南部では、中鮮で食糧生産を上回る消費がおこなわれたことは確実である。そこでは京城という商工業都市の成長、都市化―非農化が起り、食糧の純輸入があったと想定しうるからである。

8） マクロデータによる暫定的な推計では、1人1日当りカロリー供給量（主食のみ、朝鮮全体）は1942年1,924、43年1,722、44年1,692であった（木村 1993：97）。

9） 1984-85年、一在日朝鮮人が農業指導のため元山に滞在した。その目撃証言によれば、稲の収穫は9月中旬に始まったが、農具と資材の極度の不足から刈取り・脱穀・乾燥作業が遅々としてすすまなかった。その結果、多大な収穫ロスが生じた（李佑泓 1990：118-30）。

10） 平壌でも飢餓が発生したとの報告には疑問なしとしない。同報告は、首都周辺で大人から子どもまで忙しく山菜を集めていたと述べているが、山菜収集は平常時でも朝鮮半島でひろくみられる習慣であった。金日成政権は平壌への食糧供給を最優先するシステムを確立した。もし平壌で飢餓が起ったとすれば、それは、このシステムが当時まだ出来上がっていなかったことを意味する。

11） 在日朝鮮人青年のひとりは、いわゆる帰国事業で1960年に北朝鮮に渡ったのち、1963年に脱北に成功して日本に戻った。その証言によると、一般労働者への食糧配給量は1日700g、内容は年間をつうじるとトウモロコシ、コウリャン（モロコシ）、ジャガイモなど雑穀が主であった（白米・雑穀比、秋-初冬7・3、冬-春5・5、春-夏3・7、秋収前は雑穀のみ）（金鐘国 n.d.：24）。この700gという量は、1952年の内閣決定「国家食糧配給に関する規定」中の3級労働者にたいする配給量と合致する（鄭・崔編 1993：730）。

トウモロコシはデンプン原料としても重要であった。デンプンは

国内工業で使われるほか,輸出にも回されて貴重な外貨源になった(木村 2003：215)。

第2章 農業

付表 トン表示の食糧生産量，1920-44年 (千トン)

		1920	1921	1922	1923	1924	1925	1926	1927	1928	1929	1930
米	北鮮	68	60	68	73	68	80	83	95	72	99	117
	西鮮	334	278	294	283	295	322	309	396	351	409	506
	中鮮	739	681	680	668	596	656	652	796	559	637	798
	南鮮	1,092	1,130	1,210	1,253	1,024	1,158	1,250	1,307	1,044	911	1,456
	朝鮮北部	401	339	362	355	363	402	393	491	423	508	623
	朝鮮南部	1,831	1,810	1,890	1,921	1,620	1,814	1,902	2,104	1,604	1,548	2,254
麦・雑穀	北鮮	408	422	382	398	365	385	398	386	331	376	388
	西鮮	873	845	730	675	709	676	645	641	697	692	750
	中鮮	501	489	445	443	452	470	456	450	395	436	466
	南鮮	817	881	802	690	833	880	813	800	841	846	870
	朝鮮北部	1,280	1,267	1,112	1,073	1,074	1,061	1,043	1,027	1,029	1,069	1,138
	朝鮮南部	1,318	1,369	1,247	1,132	1,285	1,350	1,269	1,250	1,236	1,282	1,336
豆類	北鮮	100	99	102	112	80	113	107	119	96	109	115
	西鮮	280	252	220	233	178	251	233	247	219	232	243
	中鮮	228	220	203	208	150	203	190	217	171	183	190
	南鮮	206	206	208	208	171	187	194	199	134	129	183
	朝鮮北部	380	351	322	346	258	364	340	366	315	340	358
	朝鮮南部	433	426	411	416	321	390	384	416	304	311	374
イモ類	北鮮	295	292	299	215	196	212	242	245	210	327	317
	西鮮	92	93	83	84	82	84	81	84	91	99	107
	中鮮	101	105	99	91	92	96	112	109	121	119	131
	南鮮	111	110	108	107	105	120	75	110	105	100	119
	朝鮮北部	387	385	382	299	278	296	324	330	301	426	425
	朝鮮南部	212	215	206	198	197	216	187	219	226	219	249
合計	北鮮	870	873	852	797	709	791	831	846	710	910	938
	西鮮	1,578	1,468	1,326	1,275	1,264	1,332	1,269	1,368	1,358	1,432	1,606
	中鮮	1,568	1,495	1,427	1,409	1,289	1,425	1,410	1,572	1,246	1,374	1,585
	南鮮	2,227	2,326	2,327	2,257	2,133	2,345	2,332	2,416	2,124	1,986	2,628
	朝鮮北部	2,448	2,341	2,179	2,072	1,973	2,123	2,100	2,214	2,068	2,343	2,544
	朝鮮南部	3,795	3,820	3,754	3,667	3,423	3,770	3,742	3,988	3,370	3,360	4,213
人口(千人)	北鮮	1,753	1,794	1,841	1,852	1,862	1,858	1,981	2,020	2,040	2,077	2,201
	西鮮	3,568	3,637	3,709	3,782	3,826	4,046	4,057	4,061	4,073	4,111	4,287
	中鮮	4,885	4,915	4,970	5,023	5,052	5,326	5,332	5,314	5,340	5,402	5,680
	南鮮	7,083	7,108	7,107	7,227	7,329	7,686	7,734	7,742	7,735	7,742	8,090
	朝鮮北部	5,321	5,431	5,550	5,634	5,688	5,904	6,038	6,081	6,113	6,188	6,488
	朝鮮南部	11,968	12,023	12,077	12,250	12,381	13,012	13,066	13,056	13,075	13,144	13,770

1931	1932	1933	1934	1935	1936	1937	1938	1939	1940	1941	1942	1943	1944
83	101	122	101	132	139	193	159	221	159	113	102	152	185
447	477	511	492	568	606	823	747	739	691	702	603	566	650
689	730	831	782	812	888	1,267	1,149	549	797	1,181	822	771	736
1,162	1,144	1,265	1,132	1,171	1,278	1,736	1,567	644	1,582	1,737	826	1,319	880
530	578	633	593	700	745	1,016	905	960	850	815	705	718	835
1,851	1,874	2,095	1,914	1,983	2,167	3,003	2,715	1,193	2,379	2,918	1,648	2,090	1,616
345	362	307	221	292	343	380	316	229	241	170	169	229	264
672	749	743	596	721	744	807	761	713	685	578	531	641	625
464	496	467	478	524	414	709	547	609	486	487	471	424	621
867	944	882	955	1,064	906	1,201	958	1,172	1,075	1,026	848	686	1,092
1,017	1,111	1,049	817	1,014	1,088	1,187	1,076	943	927	747	699	871	889
1,330	1,441	1,348	1,433	1,588	1,320	1,911	1,506	1,781	1,561	1,513	1,319	1,109	1,713
82	107	118	82	118	114	109	103	66	102	54	38	68	89
239	236	249	222	250	223	255	244	170	237	221	143	150	201
188	198	206	188	199	172	201	180	77	127	129	92	80	99
169	176	170	149	157	111	139	112	66	82	92	32	72	57
321	343	366	304	369	336	363	348	236	339	275	181	218	290
357	375	375	337	356	284	340	292	143	209	221	124	152	155
221	425	306	193	343	451	477	360	349	349	295	174	348	497
96	119	120	121	135	161	178	184	174	185	208	166	217	266
136	160	159	153	174	178	215	227	170	234	285	158	212	287
122	119	139	126	161	140	183	234	200	229	258	103	290	255
318	545	426	313	479	611	655	544	522	534	503	339	565	763
258	279	298	279	336	318	398	461	370	463	543	260	502	541
732	995	852	597	887	1,047	1,159	938	866	851	631	483	798	1,034
1,454	1,581	1,623	1,430	1,674	1,734	2,063	1,935	1,795	1,799	1,709	1,442	1,574	1,742
1,477	1,585	1,662	1,601	1,710	1,652	2,393	2,103	1,404	1,645	2,082	1,542	1,487	1,742
2,319	2,384	2,455	2,363	2,553	2,437	3,259	2,871	2,082	2,967	3,113	1,808	2,366	2,283
2,186	2,576	2,475	2,027	2,561	2,780	3,222	2,873	2,661	2,650	2,341	1,925	2,372	2,777
3,796	3,969	4,117	3,964	4,263	4,089	5,652	4,974	3,487	4,612	5,195	3,351	3,853	4,025
2,199	2,269	2,286	2,337	2,395	2,416	2,477	2,522	2,603	2,898	3,091	3,286	3,335	3,138
4,288	4,353	4,418	4,499	4,647	4,695	4,780	4,852	4,916	5,087	5,329	5,693	5,785	5,721
5,685	5,799	5,881	5,990	6,243	6,311	6,416	6,519	6,607	6,972	7,182	7,737	7,843	7,600
8,090	8,179	8,204	8,300	8,607	8,625	8,683	8,740	8,675	8,752	9,104	8,494	9,701	9,441
6,487	6,622	6,704	6,836	7,042	7,111	7,257	7,374	7,519	7,985	8,420	8,979	9,120	8,859
13,775	13,978	14,085	14,290	14,850	14,936	15,099	15,259	15,282	15,724	16,286	16,231	17,544	17,041

付表（続） 1人当り (トン)

		1920	1921	1922	1923	1924	1925	1926	1927	1928	1929	1930
米	北鮮	0.039	0.034	0.037	0.039	0.036	0.043	0.042	0.047	0.035	0.047	0.053
	西鮮	0.094	0.077	0.079	0.075	0.077	0.079	0.076	0.097	0.086	0.099	0.118
	中鮮	0.151	0.139	0.137	0.133	0.118	0.123	0.122	0.150	0.105	0.118	0.140
	南鮮	0.154	0.159	0.170	0.173	0.140	0.151	0.162	0.169	0.135	0.118	0.180
	朝鮮北部	0.075	0.062	0.065	0.063	0.064	0.068	0.065	0.081	0.069	0.082	0.096
	朝鮮南部	0.153	0.151	0.156	0.157	0.131	0.139	0.146	0.161	0.123	0.118	0.164
麦・雑穀	北鮮	0.232	0.235	0.208	0.215	0.196	0.207	0.201	0.191	0.162	0.181	0.176
	西鮮	0.245	0.232	0.197	0.179	0.185	0.167	0.159	0.158	0.171	0.168	0.175
	中鮮	0.103	0.099	0.090	0.088	0.089	0.088	0.085	0.085	0.074	0.081	0.082
	南鮮	0.115	0.124	0.113	0.095	0.114	0.115	0.105	0.103	0.109	0.109	0.108
	朝鮮北部	0.241	0.233	0.200	0.190	0.189	0.180	0.173	0.169	0.168	0.173	0.175
	朝鮮南部	0.110	0.114	0.103	0.092	0.104	0.104	0.097	0.096	0.095	0.098	0.097
豆類	北鮮	0.057	0.055	0.056	0.061	0.043	0.061	0.054	0.059	0.047	0.052	0.052
	西鮮	0.078	0.069	0.059	0.062	0.047	0.062	0.057	0.061	0.054	0.056	0.057
	中鮮	0.047	0.045	0.041	0.041	0.030	0.038	0.036	0.041	0.032	0.034	0.034
	南鮮	0.029	0.029	0.029	0.029	0.023	0.024	0.025	0.026	0.017	0.017	0.023
	朝鮮北部	0.071	0.065	0.058	0.061	0.045	0.062	0.056	0.060	0.052	0.055	0.055
	朝鮮南部	0.036	0.035	0.034	0.034	0.026	0.030	0.029	0.032	0.023	0.024	0.027
イモ類	北鮮	0.168	0.163	0.163	0.116	0.105	0.114	0.122	0.121	0.103	0.157	0.144
	西鮮	0.026	0.026	0.022	0.022	0.021	0.021	0.020	0.021	0.022	0.024	0.025
	中鮮	0.021	0.021	0.020	0.018	0.018	0.018	0.021	0.020	0.023	0.022	0.023
	南鮮	0.016	0.015	0.015	0.015	0.014	0.016	0.010	0.014	0.014	0.013	0.015
	朝鮮北部	0.073	0.071	0.069	0.053	0.049	0.050	0.054	0.054	0.049	0.069	0.065
	朝鮮南部	0.018	0.018	0.017	0.016	0.016	0.017	0.014	0.017	0.017	0.017	0.018
合計	北鮮	0.496	0.487	0.463	0.431	0.381	0.426	0.419	0.419	0.348	0.438	0.426
	西鮮	0.442	0.404	0.358	0.337	0.330	0.329	0.313	0.337	0.333	0.348	0.375
	中鮮	0.321	0.304	0.287	0.281	0.255	0.268	0.264	0.296	0.233	0.254	0.279
	南鮮	0.314	0.327	0.327	0.312	0.291	0.305	0.302	0.312	0.275	0.257	0.325
	朝鮮北部	0.460	0.431	0.393	0.368	0.347	0.360	0.348	0.364	0.338	0.379	0.392
	朝鮮南部	0.317	0.318	0.311	0.299	0.276	0.290	0.286	0.305	0.258	0.256	0.306

注）麦：大麦，小麦，裸麦，ライ麦（ライ麦のみ1936年以降）；雑穀：粟，稗，キビ，モロコシ，トウモロコシ，燕麦，蕎麦；豆類：大豆，小豆，緑豆，落

1931	1932	1933	1934	1935	1936	1937	1938	1939	1940	1941	1942	1943	1944
0.038	0.044	0.053	0.043	0.055	0.058	0.078	0.063	0.085	0.055	0.036	0.031	0.046	0.059
0.104	0.110	0.116	0.109	0.122	0.129	0.172	0.154	0.150	0.136	0.132	0.106	0.098	0.114
0.121	0.126	0.141	0.131	0.130	0.141	0.198	0.176	0.083	0.114	0.164	0.106	0.098	0.097
0.144	0.140	0.154	0.136	0.136	0.148	0.200	0.179	0.074	0.181	0.191	0.097	0.136	0.093
0.082	0.087	0.094	0.087	0.099	0.105	0.140	0.123	0.128	0.106	0.097	0.079	0.079	0.094
0.134	0.134	0.149	0.134	0.134	0.145	0.199	0.178	0.078	0.151	0.179	0.102	0.119	0.095
0.157	0.159	0.134	0.095	0.122	0.142	0.153	0.125	0.088	0.083	0.055	0.051	0.069	0.084
0.157	0.172	0.168	0.132	0.155	0.159	0.169	0.157	0.145	0.135	0.108	0.093	0.111	0.109
0.082	0.086	0.079	0.080	0.084	0.066	0.111	0.084	0.092	0.070	0.068	0.061	0.054	0.082
0.107	0.115	0.107	0.115	0.124	0.105	0.138	0.110	0.135	0.123	0.113	0.100	0.071	0.116
0.157	0.168	0.157	0.120	0.144	0.153	0.164	0.146	0.125	0.116	0.089	0.078	0.095	0.100
0.097	0.103	0.096	0.100	0.107	0.088	0.127	0.099	0.117	0.099	0.093	0.081	0.063	0.101
0.037	0.047	0.051	0.035	0.049	0.047	0.044	0.041	0.025	0.035	0.018	0.012	0.020	0.028
0.056	0.054	0.056	0.049	0.054	0.047	0.053	0.050	0.034	0.047	0.041	0.025	0.026	0.035
0.033	0.034	0.035	0.031	0.032	0.027	0.031	0.028	0.012	0.018	0.018	0.012	0.010	0.013
0.021	0.022	0.021	0.018	0.018	0.013	0.016	0.013	0.008	0.009	0.010	0.004	0.007	0.006
0.049	0.052	0.055	0.044	0.052	0.047	0.050	0.047	0.031	0.042	0.033	0.020	0.024	0.033
0.026	0.027	0.027	0.024	0.024	0.019	0.023	0.019	0.009	0.013	0.014	0.008	0.009	0.009
0.101	0.188	0.134	0.082	0.143	0.186	0.193	0.143	0.134	0.121	0.095	0.053	0.104	0.158
0.022	0.027	0.027	0.027	0.029	0.034	0.037	0.038	0.035	0.036	0.039	0.029	0.037	0.047
0.024	0.028	0.027	0.026	0.028	0.028	0.034	0.035	0.026	0.034	0.040	0.020	0.027	0.038
0.015	0.015	0.017	0.015	0.019	0.016	0.021	0.027	0.023	0.026	0.028	0.012	0.030	0.027
0.049	0.082	0.064	0.046	0.068	0.086	0.090	0.074	0.069	0.067	0.060	0.038	0.062	0.086
0.019	0.020	0.021	0.020	0.023	0.021	0.026	0.030	0.024	0.029	0.033	0.016	0.029	0.032
0.333	0.439	0.373	0.255	0.370	0.433	0.468	0.372	0.333	0.294	0.204	0.147	0.239	0.330
0.339	0.363	0.367	0.318	0.360	0.369	0.432	0.399	0.365	0.354	0.321	0.253	0.272	0.305
0.260	0.273	0.283	0.267	0.274	0.262	0.373	0.323	0.213	0.236	0.290	0.199	0.190	0.229
0.287	0.291	0.299	0.285	0.297	0.282	0.375	0.329	0.240	0.339	0.342	0.213	0.244	0.242
0.337	0.389	0.369	0.297	0.364	0.391	0.444	0.390	0.354	0.332	0.278	0.214	0.260	0.313
0.276	0.284	0.292	0.277	0.287	0.274	0.374	0.326	0.228	0.293	0.319	0.206	0.220	0.236

花生,菜豆,豌豆他:イモ類:ジャガイモ,サツマイモ.
出所)『総督府統計年報』,南朝鮮過渡政府編(1948),大韓民国農林部(1952)。

第3章 鉱工業

　本章では第1節で戦前，第2，3節で戦後—1945-53年，53-60年—の鉱工業の変遷を論じる。第4節では，戦後北朝鮮政府の統計を検証する。第5-7節ではケース・スタディをおこなう。ケースの選択は，重要性と資料の入手可能性による。第5節の対象は咸鏡南道端川郡の鉱山開発である。そこでは，関連するマグネシア・クリンカーの生産についても述べる。第6節はセメント工業，第7節は兵器工業を取り上げる。後者では戦前の北部唯一の火器製造工場に限定し，その発展と戦後の継承を調べる。

1. 戦　前

　朝鮮北部では日本統治期，鉄道，港湾，発電所などインフラストラクチュアの整備がすすんだ。1920年代後半から，北鮮の咸鏡南道で鴨緑江支流の赴戦江，長津江，虚川江に大規模水力発電所が建設された（流域変更方式）。西鮮の鴨緑江本流では1937年，水豊ダムの建設がはじまった。これは終戦までに大半が完成し，琵琶湖のおよそ半分の広さの人口湖が生まれた。ダムの規模は当時，世界最大級で，10万KW容量の発電機が計6基稼動した。

　鉱物資源の開発も活発であった。北部には，以下をはじ

め多様な鉱物資源が豊富に存在した：石炭，石灰石，鉄，金，銀，銅，鉛，亜鉛（めっき・合金），黒鉛（電極），マグネサイト（軽合金），タングステン（特殊鋼），バリウム（金属添加剤），リチウム（窯業添加剤）（カッコ内は主たる用途）。日米開戦後は，金銀鉱の採掘が抑制された一方，兵器生産に不可欠な鉱物（鉄，銅，亜鉛，ニッケル，マグネサイトなど）の採掘が加速した。西鮮ではウラン鉱（モナザイトその他）開発もおこなわれた。

インフラストラクチュアの整備と鉱物資源の開発は，重化学工業発展の基盤となった。化学工業では1920年代後半から，安価・豊富な電力を利用して，日窒（日本窒素）の創設者，野口遵が咸鏡南道の興南に一大化学コンビナートを建設した。それは化学肥料とくに硫安の製造を主としたが，戦時期には火薬・爆薬，航空機燃料などの軍需生産の重要性がたかまった。化学工場には設備の製造・修理をおこなう工作工場（興南工作工場）が付設された。これは，従業員2千名，工作機械数百台を擁する機械工場に発展した。

製鉄業では，1918年に三菱が西鮮（黄海道）の兼二浦に，周辺（下聖，殷栗，載寧）の鉄鉱石を利用する製鉄所をもうけた。これは高炉，平炉，圧延設備をもつ銑鋼一貫製鉄所で，海軍艦艇用の厚板・大形鋼の生産を主目的とした。戦時期になると，日本高周波重工業城津工場（1937年），三菱鉱業清津製錬所（1939年），日本製鉄清津製鉄所（1942年）（以上3製鉄所，咸鏡北道），三菱製鋼平壌製鋼所（1943年）などが建設された。このうち，日本製鉄清津製鉄所は高炉2基で銑鉄を生産したが，製鋼設備は未設置であった。

1. 戦前

原料鉱は咸鏡北道茂山鉱山の磁鉄鉱であった。日本高周波城津工場は，電気炉で特殊鋼－戦時中はとくに銃身鋼－を生産した。

　非鉄金属製錬では1915年，久原鉱業（のちの日本鉱業）が西鮮（平安南道）の大同江河畔，鎮南浦に大規模製錬所を建設した。ここでは，北・西鮮の諸鉱山から海上・陸上輸送により金銀・銅・鉛・亜鉛鉱を搬入して製錬をおこなった。戦時末期には，砲身・装甲などの兵器用にフェロタングステンの生産もはじめた。

　軽金属工業も発展した。これは戦時期に，軍の指示で推進され，以下の航空機用マグネシウム・アルミニウム製造工場が各地に設置された：日窒マグネシウム興南工場，朝鮮軽金属鎮南浦工場，三菱マグネシウム工業鎮南浦工場，朝鮮神鋼新義州工場，朝日軽金属岐陽工場。これらのうち日窒マグネシウム興南工場以外は西鮮の海岸近辺に立地し，原料として当初，苦汁（にがり，塩化マグネシウム）を用いた。それは同地方に，大規模塩田が開かれていたからである。他方，北鮮には大規模な塩田が存在しなかった。このため北鮮に位置した日窒マグネシウム興南工場では，マグネサイトを用いた[1]。同工場は，1934年に日窒がAmerican Magnesium Metal Corporationから酸化マグネシウム電熱還元法を導入して建設した。原料は咸鏡南道端川郡で採掘された。マグネサイトはマグネシア・クリンカー（耐火煉瓦材料，製紙・人絹パルプ製造用溶解剤，耐火・保温建築材）の原料としても重要であったから，北鮮には，熔鉱炉に不可欠な耐火煉瓦（とくに電気炉炉材）の製造工場もいくつか建設された。戦時中はとくに，北・西鮮における鉄鋼増

産のために,耐火煉瓦生産能力の増強が図られた。

セメント工業では,日本の主要セメントメーカーが朝鮮に進出した。小野田,宇部,浅野の各社は北部の数か所に,近代的大工場を設置した。兵器工業では,1917年に陸軍が平壌に兵器製造所を設け,戦時期にその設備をおおはばに拡張した。ここでは弾丸と爆弾を製造した。軽工業でも,重化学工業ほどめだたなかったが,発展がおこった。繊維工業,食料品工業では各地に中小規模の工場が設立された。戦時期には,綿,麻の紡織工場が軍服や布,ロープなどを製造し,軍需に応じた。

以上のほか,電極,石油精製,油脂,製材,パルプ・製紙,薬品,製塩,造船などの分野で近代工業が発展した。ゴム・繊維加工部門では中小工業が起った。機械修理をおこなう小工場もふえた。これら一連の工業は,戦時総力体制のもとで直接・間接に軍需に応え,軍事工業の性格をつよめた。こうした急速な工業発展は満洲のそれと結びついていた。これを象徴するのは,水豊で発電した電力の半分が満洲に送電されたことである。

総督府の統計データは朝鮮北部の鉱工業成長を証する。第1に,鉱産額(名目値)は1926-36年間,北鮮では7.4倍,西鮮では8.0倍増大した(表3-1)。第2に,工産額(同)は1930-40年間,北鮮では25.3倍,西鮮では6.5倍増大した(表3-2)。その結果,1940年,北部の工産額総計は南部のそれを超えた。人口1人当りでは同年,北鮮が突出して大きく(211円),西鮮が中鮮とほぼ同額(70,73円),南鮮が最下位(46円)となった(同表)[2]。総督府統計を修正した原康宏の推計によれば,1930-39年,朝鮮北部(現

1. 戦　前

表3-1　鉱産額，朝鮮北部，1926，36年　(千円)

	1926年			1936年	
北鮮	総額	1,737		総額	12,824
	内, 石炭	1,175	内,	金銀鉱	5,199
	鉄鉱	353		石炭	5,076
				鉄鉱	1,427
西鮮	総額	6,114		総額	49,173
	内, 石炭	3,763	内,	金銀鉱	16,417
	鉄鉱	1,761		石炭	8,021
	金銀鉱	305		鉄鉱	2,389
				タングステン鉱	1,861

注）原統計は，鉱石と製錬金属（銑鉄，鉄鋼，金，銀，銅，鉛）の生産額をともに計上している。上記の総額はこれら製錬金属を除いた生産額である。

表3-2　工産額，1930，40年　(千円，円)

	1930年		1940年	
	総　額	1人当り	総　額	1人当り
北　鮮	24,174	11	611,642	211
西　鮮	54,420	13	353,881	70
中　鮮	100,991	18	505,488	73
南　鮮	101,379	13	402,623	46

DPRK領域）の工産額（1935年不変価格）の年平均成長率（各年成長率の単純平均）は17.5％に達した（南部のそれは9.5％）（原 2008：73)[3]。1939年，上記，北部工産額のうち化学製品が37％を占めた（南部では食料・飲料生産が主で，その割合は45％であった）。1940年以降の統計は不足しているが，全朝鮮の多くの基礎資材（含発電量）生産は1944年まで増大を続けた（表3-3）。その大部分は北部で生じた。

　要約すると，朝鮮北部では1920年代－40年代前半，世界的にも希有の急激な鉱工業発展が起った。戦時期には軍需への特化がすすみ，その結果，朝鮮北部は満洲とともに，

表 3-3 基礎資材生産量,全朝鮮,1940-44年

(千トン,発電量のみ百万 KWH)

年	1940	1941	1942	1943	1944
発電量	3,846	4,267	4,860	5,692	5,761
石炭	5,741	6,158	6,857	6,591	7,049
鉄鉱石	1,185	1,363	1,898	2,364	3,332
マグネサイト	74	79	107	108	158
銑鉄	135	165	353	518	556
鉄鋼	76	133	172	178	112
鋼材		105	128	122	92
アルミニウム		3	4	13	17
硫安	428	436	443	406	425
苛性ソーダ	27	14	11	11	19*
セメント	1,005	1,176	1,181	1,190	1,200*

注) アルミニウムの1944年生産量は,引用資料(コーヘン)に1-4月分が欠如しているので,5月の生産量を遡及した。
*は1944年末の生産能力。
出所) 『総督府統計年報』,朝鮮銀行調査部 (1948:I-82, 83, 103, III-172),コーヘン (1950:228),山田編 (1971:144) 木村・安部 (2003:109, 111)。

アジアはもちろん世界でも屈指の軍事工業地帯となった。

2. 1945-53年

日本の敗戦後,ソ連占領軍は北朝鮮各地で,穀物,工業原料・製品・半製品在庫を奪取し本国に送った。工業設備も解体し持去った。その対象となったのは,大型発電機(水豊発電所の2基),アルミニウム製造設備,工作機械,モーターなどであった。しかし撤去の規模は限定的であった。

1946年以降おおくの工場では,既存の設備と抑留日本人技術者を使って生産の復興をはかった。これは困難をきわ

めた。第1に国内の経済組織の変革にともない流通の混乱と生産効率の低下が生じた。第2に，中国，満洲，日本の政治的変動・経済的混乱の結果，原料や部品の補充が困難となった。アルミニウム，マグネシウム工業ではとくに，原料不足，技術的困難が深刻で，生産の復興は不可能であった。

　金日成は1945年9月に，ソ連軍とともに北朝鮮に入った。かれは日本企業がのこした近代工業につよい関心を示し，工場を精力的に視察した。なかでもいちはやく，平壌の兵器製造所に注目した。

　国家成立後，金日成政権は軍備拡充に多大な努力を傾けた。金日成は演説で，人民軍，保安隊，警備隊強化の必要をくりかえし説いた。1949年には，元山造船所で初の海上警備艦が建造された。この造船所は，戦前の朝鮮造船工業元山造船所を継承したものであった。警備艦の鉄板は，黄海製鉄所（旧日本製鉄兼二浦製鉄所）で製造した。

　1949年3月に金日成はソ連を訪問し，朝ソ経済文化協力協定をむすんだ。これに付属する秘密協定で，ソ連は大量の兵器を北朝鮮に供給することに同意した。TNT火薬工場，地下兵器工場の建設援助も約束した。

　金日成政権にとって大きな課題は，軍備強化の基礎となる各種工業の生産をいかに戦前水準に回復させるかであった。政権は内外に成果を宣伝したが，実態は異なった。旧ソ連の資料を利用した研究によれば，1950年までに，いくつかの部門－繊維工業など－では戦前水準を凌駕したものの，製鉄，化学といった基幹部門では依然，戦前のピークにはるかに及ばなかった。

政権は他方で鉱物-とくに鉛・亜鉛-の増産を命じた。これは国産兵器の原料としてのみならず，輸出品として重要であった。ソ連は，兵器や資本財を無償で提供したのではなく，見返りを要求したのである。

1950年6月，人民軍は万端の準備をととのえ，南に侵攻した。政権は対南侵攻直後，兵器・軍用品生産の一層の増大を指令した。旧ソ連の秘密解除文書によれば，軍事委員会決定第7号（1950年7月10日）により，34の企業が工兵装備の生産に業務を転換した（木村編訳 2011：238）。平壌の繊維工場と羅興の機械工場（旧理研特殊製鉄羅興工場）にはそれぞれ，船橋（渡河）用平底船150隻の建造，「軍用容器」（内容は不明）5万個の生産が指示された。各工場には弾薬生産の強化命令，龍城の工作機械工場（旧日窒の興南工作工場）と平壌の農業機械工場には，弾薬製造に必要な工作機械の製造命令がくだった（軍事委員会決定第19号，1950年7月24日）（同：205-06）。

命令どおりの生産は達成困難であった。平壌の繊維工場では，平底船を期限（8月15日）までにわずか6隻建造したにすぎなかった（同：239）。羅興では7月末の期限までに，軍用容器を1個も生産できなかった。米空軍機B29の激しい空爆があったからである。空爆では鉄道，橋とともに，重要産業施設が目標となった。7月19日の興南への爆撃は，工場設備のおおくを破壊した（同：216）。8月27日には黄海製鉄所に大型爆弾数百発が投下され，高炉，コークス製造設備，圧延設備に大きな損害が生じた（同：225）。1950年第4四半期，発電は水豊発電所のみでおこなわれた。そこでは発電機3基が稼動中で，総出力は20万KW余，

その6割が中国, 4割が北朝鮮に送電されていた（同：249）。

政権は, 重要工場 - 興南の化学工場, 元山の金属製錬工場（旧住友鉱業元山製錬所）, 南浦（旧鎮南浦）の化学工場等 - の計画的疎開を命じた。1950年10月以降, 老若男女の労働力を動員して基礎設備と原材料の移転・保全をはかる一方, 移動不可能な設備を破壊した（同：239）。疎開先は, 黄海道・平安南道・咸興の工場は江界方面, 端川・清津・咸鏡南道の工場は恵山方面, 清津から北方の工場は茂山方面であった。中国領内に疎開した工場もあった。新義州の繊維工場がそのひとつであった（軍用衣類, メリヤス下着, 綿布製造）（同：249）。全体的に疎開は困難な作業であり, 混乱をまぬがれなかった。そのなかで, 分散した各企業は爆薬, 手榴弾, 機関銃など各種兵器の生産に力をそそいだ。

北朝鮮地域の支配権を回復したのち, 政権は軍事工業の維持, 拡大に全力をあげた。1951年第1四半期, 産業省傘下の鉱工業企業の生産計画額は総計4億ウォン, そのうち兵器生産額は1億ウォンにのぼった（同：250）。

前記, 1949年3月のソ連との協定にもとづいて, 1952年11月に慈江道江界郡で, 1953年2月には同前川郡で地下兵器工場の建設が始まった（同：322）。これらはそれぞれ95工場, 96工場と呼ばれた。工場に隣接して, ソ連人技術者用住宅と建設労働者用住宅も建てられた。労働者用住宅の総戸数は江界郡で200戸, 前川郡で150戸であった。1戸当り5名居住とすれば労働者総数はそれぞれ1,000名, 750名となる。これは建設規模が相当大きかったことを示す。工事は戦争期間中には終了しなかった（1954年4月時点で進

行中であった)。その一因は,セメントの質が不良なために地下補強工事を停止したことであった。95工場の近辺では,1952年,ソ連との協定によらない別の地下兵器工場(シュパーギン式自動小銃製造用)の建設もすすんでいた。

3. 1953-60年

1953年7月の停戦協定の締結は北朝鮮にとって,平和への道ではなく,韓国とのあらたな対決のはじまりにほかならなかった。同年8月,金日成は人民軍に韓国軍・米軍掃討の決意をもつよう呼びかけた。同時に,つねに完全な戦闘準備態勢を堅持すること,あらたな防御陣地を前線に早急にきずくことを命令した。戦闘準備には,軍事工業の基礎となる重化学工業の復興が不可欠であった。金日成は停戦後すぐ,降仙製鋼所(旧三菱製鋼平壌製鋼所)を訪れた。つづいて,興南・咸興,元山を訪問した。翌年には,熙川機械工場・同自動車部品工場,黄海製鉄所を巡った。これらはいずれも,兵器製造に密接に関係する重要都市・工場であった。東西の海岸沿いに立地した諸工場は,朝鮮戦争中に米軍の艦砲射撃の標的となった。この経験から金日成は,できるだけ工場を内陸部に移転・建設するよう指示した。工場地下化のいっそうの推進も命じた。

工業再建は自力では不可能であった。金日成は1953年9月にソ連,11月には中国を訪問し,無償援助-機械設備や原燃料の供給・技術者派遣-を要請した。東欧には別途,代表団をおくった。ソ連からは総額10億ルーブルの援助獲得に成功した。計画では主たる使途は以下のとおりであっ

た：水豊発電所・城津製鋼所（旧日本高周波城津工場）・金策製鉄所（旧日本製鉄清津製鉄所）・南浦製錬所（旧日本鉱業鎮南浦製錬所）・勝湖里セメント工場（旧小野田セメント平壤工場）・馬洞セメント工場（旧浅野セメント鳳山工場）・興南肥料工場（旧日窒）の再建，平壤紡織工場・魚類缶詰工場・塩酸工場・染色工場・トラクター修理工場の修復・新設，地質調査・鉱山開発。これらのなかで一見軍事と無関係な工場も，じつは軍事と密接にむすびついていた。すなわち，セメントは防御陣地や地下工場の建設に不可欠であった。繊維工場，缶詰工場は兵士の衣服，携行食品，塩酸工場は爆薬（また化学兵器）の製造に重要であった。当時の北朝鮮内部を知る者の証言によれば，じっさいには政権は，援助資材のおおくを金策製鉄所と興南肥料工場の復旧につかったという。肥料工場復旧の主眼は硝安製造であった。硝安は火薬原料にほかならなかった。中国は8億元を援助した。その大半は道路，鉄橋などの改修を金額換算したものであった。

　1956年6-7月，援助要請のために金日成はふたたびソ連を訪問し，さらに東欧諸国を巡った。この結果ソ連から無償援助3億ルーブル，借款1.7億ルーブルをえた。これは前回の援助額を大幅に下回ったが，政権はこれによって，同様に，発電所，セメント・機械工場などの修復，新設をはかった。しかし工業の再建は，政権の思惑どおりには進行しなかった。たとえば，興南の肥料工場は停戦から4年後の1957年7月時点で復旧が完了していなかった。同工場の創建は1929年で，建設に要した期間は約2年であった（硫安年産能力40万トン）。これとくらべると復旧は遅かっ

た。水豊発電所の再建は1958年8月であった。金日成は当初の工事予定期間をおおはばに短縮したと誇ったが，停戦からすでに5年が経過していた。この発電所の起工は1937年で，4年後の1941年には第1号発電機が稼動をはじめた。1945年8月には，予定した全7基の発電機中6基が稼動した。朝鮮戦争中，ダムや発電機への恒久的な被害は大規模ではなかった[4]。にもかかわらず，再建に要した年月は創建より長かったのである。

　国内の技術者の不足，労働者の意欲欠如，組織の非効率性が修復をおくらせた。援助国側にも問題があった。ソ連・東欧諸国が機械設備を迅速に送ってこなかったのである。金日成はつぎのように述べた：「以前に多額の外貨を使ってターニングミル［工作機械の一種］を1台買い入れたことがあるが，それが到着するまでに4年もかかった。もしこのようなやり方でターニングミルを10台輸入するとすれば40年かかる。」旧ソ連の内部資料はこうした事実をうらづける。1954年，ソ連による漁業関連設備の期限内引渡しは51％にすぎなかった。1957年，城津製鋼所の復旧計画を立案したのは「工業建設計画」キエフ支部であった（木村編訳 2011：410-18）。計画書の作成は，関係各部局との調整に手間どり，遅延をくりかえしていた。城津製鋼所は北朝鮮唯一の兵器用特殊鋼製造工場であったから，政権はその復旧をとりわけ重視していた。この重要工場の復旧計画の作成を，北朝鮮からはるか遠くのキエフで，ソ連人技術者が官僚主義的におこなっていたのである。このように，社会主義国に顕著な官僚主義とソ連の中央部・東欧との距離の隔たりが，納期のおくれをもたらした。

ソ連人技術者には、知識も欠如していた。日本企業は、城津製鋼所の製鋼設備をはじめ、アンモニア、酢酸ビニール、人絹、石灰窒素、セメントの製造設備など、ソ連よりすすんだ設備を北朝鮮にのこした。ソ連の技術者はこれらに十分な対応能力をもたなかった。かれらはむしろ学ぶ立場にあった。

ソ連の技術援助は、非常に多くの項目にわたった。1959年だけでも、200項目以上の技術文書が供与された。具体的には、トラクターやバスなどの輸送機械、発電機、鉱山機械、農業機械、紡績機の製造、製錬や採鉱など広範囲におよんだ。しかしソ連には精密機器の製造技術が決定的に欠けていた。北朝鮮は精密機器の日本からの調達をはかった。そのために日本との国交をつよく望んだが、日本は国際情勢からそれに応じなかった。そこで北朝鮮は、政治と分離した経済関係の樹立を企図し、日本側にさまざまな働き掛け－政治工作－をおこなった。それは奏功し、1956年、日朝貿易がはじまった。以後、貿易額は急増した。とはいえ1960年の対日輸入額は4億円ていどにすぎなかった（主要輸入品：鉄鋼、機械類、電気機器、化学製品）。

こうした状況下、金日成政権は工業修復のおくれを大規模な大衆動員によって挽回しようとした。これは一時的には重点部門で建設のスピードアップと生産増加をもたらしたが、労働者、設備を消耗させ、生産効率をいっそう低めた。製品の質の低下も深刻化した。労働者は、量的な生産目標達成のために品質をおとす方法をえらんだ。この結果、一見増産が実現しても、生産現場で使用にたえない製品が頻出した。この問題の深刻さは、金日成がくりかえし述べ

た不満にあらわれていた。

4. 統計の検証

表3-4は,前表3-3と対照可能な基礎資材にかんする北朝鮮政府統計(1944-60年)である。アルミニウムとマグネサイトは同統計に登場しない。このうちアルミニウムの生産は戦後,技術的理由により放棄されたとみられる。

表3-4　基礎資材生産量,北朝鮮政府統計,1944-60年

(千トン,発電量のみ百万 KWH)

年	1944	1946	1947	1948	1949	1950	1951	1952	1953
発電量	8,137	3,934	5,593	6,131	5,924	4,585	1,855	1,439	1,017
石炭	5,740	1,270	3,026	3,775	4,005	3,556	317	303	708
鉄鉱石	3,106	3			680				
銑鉄	481	3	7	100	166	155			
鉄鋼	147	5	61	115	144	125			4
鋼材	105	10	64	84	116	108		1	4
硫安	438	117	248	289	324				
苛性ソーダ	12	3	5	7	9	9	1	0.2	0.3
セメント	894	103	333	292	537	380	20	4	27

年	1954	1955	1956	1957	1958	1959	1960
発電量	1,955	3,140	5,120	6,908	7,611	7,811	9,139
石炭	2,034	3,269	3,908	4,984	6,882	8,859	10,620
鉄鉱石			678			2,703	3,108
銑鉄		112	187	270	320	694	853
鉄鋼	56	137	190	277	365	451	641
鋼材	31	79	133	205	255	331	474
硫安		265	139			208	235
苛性ソーダ		3	6	9	14	24	25
セメント	231	360	597	895	1,244	1,916	2,285

出所)　U.S. Department of Commerce (1960:27-30),朝鮮民主主義人民共和国国家計画委員会中央統計局 (1961:45-46),後藤 (1981:98-100)。

4. 統計の検証

この統計によれば，基礎資材の生産量は1946年に大きく落ち込んだ。のち，1949年まで増大したが，大半の品目の生産は44年の水準以下であった。このように政府の公式統計も，1949年までに戦前の生産を回復しえなかったことを示している。ただし，発電量の数値には注意を要する。戦前の統計（前表3-3）では1944年の発電量は5,761（百万KWH）であるが，表3-4の同数値は8,137で，違いがあまりに大きい。1948-49年の数値は6,000前後で，後者を下回るが，前者よりは大きい。前述のように，ソ連軍が水豊発電所の大型発電機を撤去したことを考えると，戦後のこのデータは信頼しがたい。

基礎資材の生産は50-53年，戦争のために激減し，54年以降ふたたび増大した。とくに1958-60年，石炭，銑鉄，鉄鋼，セメントが大幅な生産増を記録した。その結果，1960年までにこれらの生産量が戦前水準を超えた。他方，硫安の生産は増大しなかった。鉄鉱石の生産は59-60年に増大したが，戦前と同水準にとどまった。韓国側の調査では，58-59年，北朝鮮で製鉄所，セメント工場など大型の工業施設が復旧した（表3-5）。この点から，北の統計が示す諸資材の生産増は事実と思えるかもしれない。しかし統計をこまかく観察すると，いくつかの疑問が生じる。たとえば表3-4で，銑鉄の対鉄鉱石比率は1959年，0.26，1960年，0.27であった。ところが表3-3では，同比率は最高の年（1943年）でも0.22，最低の年（1940年）は0.11にすぎなかった。すなわち1959-60年，鉄鉱石の生産量にたいし銑鉄の生産量が戦前より高かった。戦前，鉄鉱石の輸出入量は大きくなく，戦後も同様であったとみられる。

表3-5 ソ連, 東欧諸国からの経済援助:鉱工業主要設備の導入, 1953-60年

施　設	援助供与国	内　容	時　期	備考(設備, 製品)
安州炭鉱	ソ連・ポーランド	復旧完工	53	
阿吾地炭鉱	ポーランド	同	58	
新倉炭鉱	同	同	同	
長津江発電所	チェコスロバキア	同	53.7	容量39.7万kw
水豊発電所	ソ連・中国	同	58.8	同70万kw. 中国は労働力を無償提供. 50%を中国に送電（共同経営）
虚川江発電所	チェコスロバキア	同	60.12	同39.4万kw
金策製鉄所	ソ連	同 新設完工	55-58 60	800t高炉2基, 1,500㎡高炉1基, 圧延機等
南浦製錬所	同	復旧完工	59.8以前	電気銅・亜鉛, 金, 銀
清津製鋼所	同	新設	59.12	粗鋼生産用回転炉12基
城津製鋼所	同	復旧完工	同	
平壌農機械工場	同・東独	新設完工	54	
平壌紡織機械工場	中国	同	55	
木材用機器工場	ブルガリア	設備提供	54-56	
北中機械工場	東独	拡張完工	56.9	ディーゼルエンジン, 電動機
雲山工具工場	チェコスロバキア	新設完工	56.11	
龍城機械工場	ソ連	復旧完工	58	
熙川工作機械工場	チェコスロバキア	新設完工	同	各種旋盤, 誘導炉
亀城工作機械工場	ハンガリー	同	59.9	各種旋盤（数値制御・自動を含む）
平壌精密機械工場 ベアリング作業場	中国・ソ連・東独	同	60.8	
興南肥料工場	ソ連	部分復旧	55.8	
阿吾地化学工場	ハンガリー	復旧拡張	54-56	窒素・燐肥料, 重炭酸アンモニア
塩酸工場	ソ連	新設完工	同	
漂白工場	同	同	同	
ベンゾール作業場	ハンガリー	復旧完工	同	
エナメル工場	中国	新設	同	

4. 統計の検証

表3-5 (続)

施　設	援助供与国	内　容	時　期	備考(設備, 製品)
平壌染色工場	ソ連	新設完工	59.8以前	
平壌電気機関車工場	ポーランド	復旧完工	53	
自動車付属品工場	チェコスロバキア	新設完工	58.11	
徳川自動車工場	同	同	同	
沙里院トラクター工場	ソ連	同	59	
6.4車両工場(元山鉄道工場)	ポーランド	復旧	同	
大安電気工場	中国	復旧	55	発電機・変圧器・電動機
平壌電気工場	ブルガリア チェコスロバキア	設備提供 復旧完工	54-56 60.8	
電気機器工場	東独	新設完工	54-56	
3月26日工場(平壌電気機械工場)	チェコスロバキア	同	60	電球・扇風機等
煉瓦工場	ルーマニア	同	54-56	
吉州合板工場	ソ連	同	57	
平壌木材加工工場	ソ連・ハンガリー	同	59.8以前	
平壌コンクリートブロック工場	ソ連	同	57	
勝湖里セメント工場	ソ連・ルーマニア	復旧完工	58.6	回転炉4基
2.8馬洞セメント工場	ソ連	新設完工	59.2	同6基
川内里セメント工場	チェコスロバキア	復旧完工	59.3	同5基
平壌紡織工場	ソ連	同	54.4	
紡織工場	中国	新設完工	58.9	
絹織工場	ソ連	復旧完工	58.8	
セメントクラフト紙工場(2か所)	中国	新設完工	58.1	
吉州パルプ工場	ソ連	復旧完工	59.10	
魚類缶詰工場	同	新設完工	54-56	
龍城肉類綜合工場	同	同	58	
出版・印刷工場	東独	同	54-56	
平壌度量衡工場	ハンガリー	同	同	

注)　引用文献中の表記を一部修正した。
出所)　慶南大学極東問題研究所編 (1980:376, 382, 385, 389, 391, 394, 399, 401, 403)。

とすれば、この比率の上昇はいかに可能となったのか。同じことは銑鉄と鉄鋼の比率についてもいえる。戦後の同比率は、戦前のそれより（1941年を例外として）顕著に高かった。考えうるのは、前節でふれたように工場が純度の低い粗悪品を乱造し、政府機関がそれをそのまま集計したことである。あるいは政権が、銑鉄や鉄鋼の生産量を意図的にふくらませて発表したのかもしれない。その他の統計中、セメントについては第6節でくわしく検討する。

5．端川郡の鉱山開発

（1）戦　前
〈銀，鉛，亜鉛〉

検徳鉱山　　検徳鉱山は古来、銀の産出地として知られた。日本とのかかわりもあった[5]。16世紀に豊臣秀吉の軍が朝鮮に攻め入ったさい、加藤清正が同鉱山を支配下に置いたからである。17世紀には、主として李王朝への貢納用に銀採掘がおこなわれた。19世紀末には、大韓帝国宮内府によって皇室直営の鉱山に指定された。とはいえ当時この鉱山は事実上、廃山状態にあったという。併合後、同鉱山の鉱業権は朝鮮人、ドイツ人の手を経て、1917年に斎藤新太郎なる人物が獲得した。検徳鉱山は端川郡の山ふかく交通不便な地にあったが、斎藤は現地に事務所をおき、多数の坑道・切割を設けて試掘をおこなった。その結果、有望な鉛、亜鉛鉱床（方鉛鉱、閃亜鉛鉱）を発見した。しかし斎藤の経営下で、検徳鉱山に大きな発展があったとはみられない。1936年、検徳鉱山の主要鉱区は日本鉱業の所有に

移った。同社は1939年下期から探鉱を開始し，生産量をおおはばに増やした。1942年には，同社は検徳鉱山に，月当り5,000トン処理能力の浮遊選鉱場を建設した。1943年，検徳鉱山の従業員総数は507名，1942年11月－1945年6月間の生産量は，鉛鉱8,418トン（銀含有量10,115kg，鉛含有量4,963トン），亜鉛鉱37,065トン（亜鉛含有量20,336トン）にのぼった。

〈マグネサイト〉

　朝鮮のマグネサイト鉱床は，咸鏡南・北道の境界を成す摩天嶺山脈に存在した。同山脈は，マグネサイト以外に水滑石（主成分，水酸化マグネシウム）も産出した。端川郡はこの山脈につらなる地域であった。水滑石は，端川郡南斗日面雲松里で産した（上記山脈では他に，吉州郡昜社面福連洞で産した）。1928年，北斗日面陽川里で，総督府地質調査所の木野崎吉郎技師がマグネサイト（菱苦土鉱，主成分は炭酸マグネシウム）鉱床を発見した。これは最大幅400m，延長7,000mの石灰岩と白雲岩の地層にはさまれた鉱床で，質量ともに世界屈指とみられた（推定埋蔵量65億7,000万トン）。その後，朝鮮マグネサイト開発が同地で4鉱区を所有し，開発をすすめた。これら4鉱区は全体で龍陽鉱山と呼ばれた。同鉱山の概要は以下のとおりである

　龍陽鉱山　1939年に龍陽鉱山開発のための国策会社，朝鮮マグネサイト開発株式会社設立。航空機用，電気炉材用のマグネサイト開発を目指す。鉱区は日窒鉱業開発の北斗鉱山に隣接し，同鉱山より大規模。推定埋蔵量1億トン。朝鮮マグネサイト開発は1942年に，総督府鉄道局咸鏡線の

汝梅津駅と龍陽里59.7kmを結ぶ専用鉄道を敷設（1943年には一般私設鉄道に変更）。鉱山設備は1942年9月までに80%完成。

1936年，端川郡のマグネサイト鉱区は3鉱区（北斗日面，2鉱区は個人，1鉱区は日窒が所有）が存在したにすぎなかった（朝鮮全体では他に，端川郡に隣接する咸鏡北道吉州郡に4鉱区）。その後1941年までに咸鏡南道のマグネサイト鉱区は15鉱区に急増した（咸鏡北道では12鉱区）。端川郡（北斗日面）で日窒以外にマグネサイトを採掘した企業は，東洋鉱産化学（所有鉱山，端川マグネサイト鉱山），日本マグネシウム金属（同，北斗鉱山），北鮮製紙化学工業，中川鉱業，雲松鉱業などであった。

〈雲母，硫化鉄，カリ長石，燐灰石他〉
　砲子鉱山　1920年以降，端川郡内とくに北斗日面，南斗日面，水下面で，多種のすぐれた鉱床の存在があきらかとなった。まず1920年代初，関島吉が北斗日面で砲子鉱山を開発し，雲母の採掘をはじめた。これは当時，日本帝国内で軟質雲母を産する唯一の鉱山であった。その生産量は1927年には24トンに上り，1929年には国内の雲母需要の20%をまかなった。

1930年代には，鷹徳鉱山，雲松鉱山をふくむ新鉱山の開発がつづいた。
　鷹徳鉱山　宇部窒素工業（1942年に宇部興産と改称）が1936年に買収。朝鮮随一の優良硫化鉄鉱山。採掘した硫化鉱を空中ケーブル（15km）で山元から麓まで降ろし，そ

こから鉄道で端川港に輸送,さらに宇部まで海上輸送。宇部工場で硫酸(さらに硫安)の原料に使用。海上輸送難から戦時中には日窒の興南工場に搬送。

雲松鉱山　1933年に発見。鉱石は主として磁硫鉄鉱から成り,ニッケルを約2.3%ふくむ。

戦時期には兵器生産に必要な鉱物原料(とくに希有元素)の開発が緊急となり,端川郡はその重点地域となった。同郡には「希有元素の母」と称されるペグマタイト(巨晶花崗岩)鉱床が存在したからである。探索の結果,同郡では以下の鉱物の新鉱床が発見された:燐灰石,褐簾石,水鉛,電気石,ジルコン,黒鉛,カリ長石・コバルト(水下面上農鉱山)。

燐灰石鉱床　埋蔵量数千万トン(母岩の苦灰石の品位は30%(酸化燐20%))。手選のみでも品位60-80%の燐灰石を得,これを硫酸分解して品位25-32%の燐酸を得る。帝国の燐酸肥料原料として非常に有望。ただし硫酸分解によって出るフッ素は煙害の元となる。鉱区は端川駅から25kmの奥地に立地。

端川郡の1941年7月1日現在の主要鉱山および終戦時の概要は表3-6,7のとおりである。

〈製錬・加工〉

検徳鉱山の鉱石は日本鉱業鎮南浦製錬所に送られ,製錬された。同製錬所は終戦時,鉛粉鉱焼結炉16基,鉛熔鉱炉1基,亜鉛電解槽,亜鉛電気炉2基などの鉛・亜鉛製錬設

表3-6　端川郡の主要鉱山，1941年7月1日現在

鉱山名	所在地	所有者	生産物
大同	北斗日面	三菱鉱業	金，銀，銅
大洞	同	同	金，銀
検徳	同	日本鉱業	金，銀，銅，鉛，亜鉛
五三浦	同	朝鮮雲母	雲母
北斗	同	日本マグネシウム金属	蠟石，マグネサイト
龍陽	同	朝鮮マグネサイト開発	同
-	同	北鮮製紙工業	同
端川マグネサイト	同	東洋鉱産化学	同
鹿峯	同	鹿峯鉱山	金
雲松	北斗日面，南斗日面	雲松鉱業	金，銀，銅，ニッケル，コバルト
砲子	北斗日面	関鉱業合資	雲母
新興黒鉛鉱山	南斗日面	野崎鉱業	黒鉛
斗日	同	落合完二	金，銀，硫化鉄，ニッケル
-	同	日本高周波重工業	同
咸朴	同	朝鮮燐鉱	鉄，燐
三菱端川	水下面	三菱鉱業	金，銀，銅，鉛，亜鉛，鉄
釜洞	同	日窒鉱業開発	硫化鉄
麗華	同	同	金，銀，銅，硫化鉄
殷興里	同	同	金，銀，銅，鉛，亜鉛
住友端川	同	住友本社	金，銀，銅，硫化鉄
鷹徳	同	宇部窒素工業	金，銀，硫化鉄
龍源	同	朴在浩ほか	砂金
堀大徳	水下面，南斗日面	堀文哉	金
福州	何多面	日窒鉱業開発	金，銀，黒鉛

出所）木村・安部（2004：255）。

備をもち，製煉能力は年間，鉛2万トン，亜鉛6万トンであった。

表3-7 終戦時の端川郡の鉱山概要

鉱山名	所有者	生産物,生産量(トン)	備考
端川	三菱鉱業	磁鉄鉱81	
検徳	日本鉱業	銀4.0,鉛2.9,亜鉛10.6	
龍淵	朝鮮鉱業振興	探鉱中	
釜洞	日窒鉱業開発	硫化鉄2	
殷興里	同	金,銀0.2,鉛0.1,亜鉛0.1	
北斗	同	マグネサイト32	
端川	住友鉱業	硫化鉄(金銀含有)32	
臥龍	東拓鉱業	鱗状黒鉛1.3	
端豊	同	硫化鉄5.7,銅0.45	
龍陽	朝鮮マグネサイト開発	マグネサイト55	
新豊	朝鮮燐鉱	燐鉱石	朝鮮鉱業振興と大日本燐鉱の子会社,1940年設立
-	昭興鉱業	ニッケル	日本高周波重工業の子会社,1938年設立
-	田村鉱業	黒鉛0.33	
-	帝国マグネサイト	マグネサイト	1939年設立
-	東洋雲母鉱業	雲母	1942年設立
-	日本電気冶金	コバルト	1943年設立

出所) 木村・安部(2003:巻末資料1)。

　端川郡のマグネサイトは,日本マグネサイト化学工業城津工場,朝鮮品川白煉瓦端川工場,日本耐火材料本宮工場,日窒マグネシウム興南工場,帝国マグネサイト吉州工場でマグネシア・クリンカーおよび同製品に加工された。1944年,これら工場の同生産量は合計で約5万トン,終戦時までに同生産能力は約15万トンに増大した(表3-8)。

(2) 戦 後

　北朝鮮の内部文書中の1949年対ソ輸出報告書によれば,

表3-8 工場別マグネシア・クリンカーとマグネサイト製品の
生産量，1944-45年

(千トン，人)

	生産量, 1944年	生産能力, 終戦時	従業員総数, 終戦時
日本マグネサイト化学工業城津工場	32.3	44.5	1,576
朝鮮品川白煉瓦端川工場	7.2	48.0	288
日本耐火材料本宮工場		28.1	480
日窒マグネシウム興南工場	4.2	18.0	453
帝国マグネサイト吉州工場	9.7	15.0	

出所) 木村・安部（2003：73-74, 250-51）。

　北朝鮮は同年，亜鉛精鉱1.7万トンをソ連に輸出した。それは全量，検徳産であった。同時期の他の内部資料は，端川での硫化鉄の採掘を記録していた（鄭・木村編 2001：248）。戦前興南の化学工場の実績からみて，その主目的はおそらく，爆弾・肥料製造に不可欠な硫黄分の採取であった。他方，旧ソ連資料によれば，1950年上半期の亜鉛精鉱の総生産量は2.3万トン，対ソ輸出量は7千トンであった。これも検徳産であった可能性がたかい。1952年第1四半期人民経済計画は鉛（くず，精鉱，鉱塊）の輸出をとくに重視していた（木村編訳 2011：283）。こうした資料から，この時期，端川郡では各種鉱物の採掘が盛んにおこなわれていたと結論しうる。

　1940年代後半から50年代の端川の鉱山資料は以上のほか，ほとんどえられない。例外的に，間接的なものであるが，マグネシア・クリンカーを含む耐火材の製造工場にかんする旧ソ連の報告書がある（同：447-53）。これは北朝鮮に派遣されたソ連人技術者が1959年にまとめたもので，耐火材の生産状況を工場ごとに詳細に記す。そのなかでマグネ

5．端川郡の鉱山開発　　　　　　　71

シア・クリンカーとマグネサイト製品の製造工場は，城津耐火材工場，端川マグネサイト工場，南浦ガラス工場耐火材作業場の3か所であった。このうち城津耐火材工場，端川マグネサイト工場はそれぞれ，戦前の日本マグネサイト化学工業城津工場，朝鮮品川煉瓦端川工場と推定しうる。南浦ガラス工場は戦後造られた工場で，おそらくそこに耐火材作業場が付設されたのであろう。戦前の日本耐火材料本宮工場は本宮窯業工場耐火材作業場と改名されていたが，製品は一般の耐火材のみで，マグネシア・クリンカーとマグネサイト製品の生産記録はなかった。戦前の日窒マグネシウム興南工場と帝国マグネサイト吉州工場に相当する工場はこの報告書に記載がない。城津耐火材工場，端川マグネサイト工場，南浦ガラス工場耐火材作業場のマグネシア・クリンカーとマグネサイト製品の生産量および関連データを表3-9に示す。これによれば，前2者の原料マグネサイトは端川郡の龍陽鉱山産であった（後者は不明）。1958年，城津耐火材工場の同生産量は5.4万トンで，終戦

表3-9　工場別マグネシア・クリンカーとマグネサイト製品の生産量，1958年および関連データ

（千トン，人）

	生産量,1958年	計画生産能力	従業員総数,1959年	建設年	再建年	拡張年	原　料
城津耐火材工場	54.2	120.0	2,938	1935-42	1953-54	1959	龍陽産
端川マグネサイト工場	6.6	44.0	880	1944		1959	同
南浦ガラス工場耐火材作業場	12.5						

出所）　木村編訳（2011：453-54）。

時の生産能力4.5万トンを上回っていた。他方，端川マグネサイト工場のそれは6.6千トンで，終戦時の生産能力4.8万トンに遠く及ばなかった。南浦ガラス工場耐火材作業場の分を含めた合計生産量は7.3万トンで，これは終戦時の生産能力，13.6万トンの半分ていどにすぎなかった。同報告書はまた，技術上の問題として，マグネサイト焼成が高炉でなく熔銑炉でおこなわれているため，原料と労働力を大量に消費すること，製品の質が低い（化学成分が不安定，強度が低い，密度が乏しい，形式・サイズが不正確である）ことを指摘していた。1959年，城津と端川の工場に高炉が建設され，生産能力が16.4万トンに増大した。これによってようやく，生産能力合計が終戦時のそれを超えた。しかし報告書は同時に，これらのデータが工場から一方的に与えられたものであったことから，その正確さに疑問を呈していた。

ソ連の貿易統計によれば，1956-57年，大量の亜鉛精鉱（2年間で合計20万トン超）が北朝鮮からソ連に輸出された（表3-10）。マグネシア・クリンカーの輸出は1960年には

表3-10 マグネシア・クリンカー，亜鉛，鉛の対ソ輸出，1956-60年

	総額 百万R	マグネシア・クリンカー		亜鉛精鉱		亜鉛		鉛	
		千トン	百万R	千トン	百万R	千トン	百万R	千トン	百万R
1956	204.8			107.9	51.6	0.0	0	16.7	25.1
1957	250.2			108.5	51.9	0.2	0.3	15.5	23.7
1958	188.2			79.1	20.7	6.0	6.1	17.8	21.3
1959	46.4			72.6	4.2	9.1	2.0	15.5	4.1
1960	67.2	15.2	0.8	37.7	0.2	20.6	4.5	16.8	4.5

注）Rはルーブルの略。
出所）ソ連貿易省計画経済局編（1957-61）。

じめて同統計に現れた。その量は1.5万トンであった[6]。

6. セメント工業

(1) 戦 前

併合以降朝鮮では,ダム,鉄道,港などの建設に必要なセメント需要が大きく増加した。これに応じて,日本のセメント会社が,石灰石の豊富な北・西鮮に相次いで工場を設けた。先鞭をつけたのは小野田であった。

小野田セメント平壌工場 小野田セメントは1917年に平壌支社を設置し,平壌近郊の勝湖里で工場建設に着手した。予算は当初160万円であったが,用地買収,専用鉄道線の工事,設備入手に多くの困難が生じ,決算額はその倍額に達した。工場は1919年にようやく完成し,年産能力4.3万トンの最新式設備(第1号回転窯,径2.5-3m,長60m)を配備した。同工場は1924年に第1号窯と同型同寸の第2号回転窯を,1928年には第3号回転窯を増設した。1934年に小野田社は,資本金50万円で別会社の朝鮮小野田社を興し,平壌工場の経営を朝鮮小野田社に委ねた。同社は翌年に資本金を150万円に増額し,日本でもみられない新技術や設備を導入して平壌工場を経営した。大爆破法や竪坑による石灰石の採掘,2トン積みの電気ショベルや7トン積み車両による石灰石運搬がその例であった。

戦時中には平壌工場で,無煙炭のみを使用して耐火煉瓦を製造する技術が開発され,終戦直前に60トン炉1基の火入れがおこなわれた。

1943年,同工場は本社に復帰し,再び小野田社の工場となった。

同・川内工場　小野田社は1928年に,あらたに元山近くの川内里に工場を設置した(川内工場,予算310万円)。当初,焼成窯は1基であったが,1935年に第2号窯,1936年に第3号窯－当時最新式のドイツのポリジウム社製レポール(半乾燥式)キルン－が導入された。その年産能力は40万トンで,これは日本,朝鮮における小野田の全工場中最大であった。同工場ではさらに,セメント原料の調合機として,他工場に先駆けてドイツのカステンベシッカー機が採用された。石灰石はすぐ近くの山で採掘した。石炭は満洲炭,北海道炭,咸北(咸鏡北道)炭のほか,近辺で採れる無煙炭も使ったが,終戦直前は咸北炭のみとなった。

この工場では副業として消石灰,生石灰の製造・販売をおこなった。販売先は日窒の本宮,興南工場(カーバイド,製鉄用)や建築業者で,1940年には日産70トンの大型窯7基を設置した。日窒とは,年12万トンの生石灰供給契約を結んだ。川内工場は平壌工場と同様に,1934年に朝鮮小野田社に移管されたのち1943年に小野田本社に復帰した。

朝鮮小野田セメント古茂山工場　小野田社は1935年に,古茂山工場(咸鏡北道)の新設を決定した。古茂山近辺は,石灰石が豊富であった。総督府の支援を受けて建設工事は順調にすすみ,工場は1936年に完成した。主設備は,回転窯1基(年産能力15万トン)であった。古茂山工場ではその後1937年に拡張工事にとりかかったが,回転窯が未着の

まま終戦を迎えた。同工場は1941年に朝鮮小野田社の所有に移った。同社の資本金は，1939年に300万円，1941年に750万円，1944年に1,050万円に増額された。古茂山工場の終戦時セメント年産能力は23万トンであった。

鴨緑江水力発電勝湖里クリンカー工場，水豊洞セメント工場　1937年，鴨緑江の電源開発を目的として，鴨緑江水力発電が設立された。同社は1940年に，クリンカー（セメントの中間原料）製造工場を小野田社の平壌工場の隣に建設した。そこには，帝国で最大規模の全長145mの長大窯が設置された。これはデンマークのスミス社の設計により，鶴見製作所，三井造船などの国内メーカーが製作した。クリンカー生産能力は年間17万トンで，製造したクリンカーは，ダム建設現場の水豊の破砕工場で破砕した。破砕工場では1939－40年に，第1号，第2号窯が稼動を開始した。セメント年産能力は20万トンであった。

朝鮮セメント海州工場　1935年頃，日本のセメント業界は激烈な価格競争を展開していた。その中で宇部セメントは，すでに朝鮮に生産基盤をもっていた小野田セメントに対抗するべく，みずからも朝鮮への進出を計画した。当初は秩父セメント，大阪窯業セメントとの3社連合を構想したが，けっきょく単独で，1936年に100％出資の子会社，朝鮮セメントを設立した（資本金600万円）。工場は黄海道海州に建設した。この付近には長谷川石灰会社所有の石灰石山があり，これを買収した（長谷川石灰は，朝鮮の石灰王といわれた長谷川和三郎一族の会社）。また公有水面34万坪

を埋立て，臨海部と合わせて7.8万坪の工場用地を確保した。港湾は航路を浚渫して5千トン級船舶の入港を可能とした。工場には乾式窯3基を導入し，年産37万トン能力を配備した。設備の発注先は，大阪鉄工所，ドイツのクルップ社・ロッシュ社で，出力1万KWの発電機2基もドイツから輸入した。操業は1937年にはじまった。燃料は当時，満洲の撫順炭（有煙炭）を使うのが常識であった。無煙炭は揮発分が少なく熱効率が落ちたからである。しかしこの工場では，近傍の無煙炭利用の研究をすすめ，効率的な混焼（有煙炭40％，無煙炭60％）の開発に成功した。

朝鮮浅野セメント鳳山工場　朝鮮浅野セメントは浅野セメントが1936年に設立した（資本金300万円，払込金75万円）。同社は翌1937年に，黄海道鳳山郡の京義本線馬洞駅近くに工場を建設し，回転窯（年産能力18万トン）1基を設置した。1940年には，回転窯2基を九州の佐伯工場から移設した。増設後の年間総生産量は30万トンに達した。

日本窒素興南製鉄所（セメント部門）　日窒興南の製鉄所では，硫化鉱焼滓処理のために銑鉄と同時にセメントを生産した。設備は通常のセメント工場と同じで，硫化鉱焼滓，無煙炭，石灰石を原料に回転窯でクリンカーを製造した。熔鉄とクリンカーの分離が困難で生産は順調ではなかったが，得られたセメントの品質は良好であった。セメント日産能力は400トン（年換算14万トン）で，製品は興南コンビナートの各部門に供給した。

6. セメント工業

表 3-11 終戦時の主要セメント工場の設備と生産量

工　場　名	焼窯数	破砕機数	生産能力(千トン)
小野田セメント平壌工場	4	8	320+
同・川内工場	3	6	400
朝鮮小野田セメント古茂山工場	2	3	144
朝鮮セメント海州工場	n.a.	n.a.	390
朝鮮浅野セメント鳳山工場	3	4	360
計	12+	21+	1,614+

出所）木村・安部（2003：247-50）。

終戦時の主要セメント工場の設備・生産データは表3-11のとおりである。

(2) 戦　後

1959年の北朝鮮セメント工業にかんするソ連人技術者の報告書（以下、「セメント報告書」）によれば、1958年のセメント総生産量は124万トンであった（木村編訳 2011：443）。この数値は、北朝鮮政府発表の数値と一致した。

戦前の設備サイズのデータを「セメント報告書」の同データと対比すると、平壌（勝湖里）の回転窯1基、川内の回転窯3基、同破砕機4基、古茂山の回転窯1基、同破砕機2基が完全にまたはほぼ一致する。この事実から、これらの設備は戦前から継承されたと推測する。

「セメント報告書」は設備、生産量など工場別のデータを記す（表3-12）。これによると、1959年のセメント生産計画量は約190万トンであった。同年の公表生産実績は192万トンであった。両者はほぼ同じである。すなわち、これが正しいとするならば、生産が計画どおり達成されたことになる。しかしこれは疑わしい。同表で、第Ⅰ～Ⅲ四半期

表 3-12 「セメント報告書」：主要セメント工場の設備と生産量，1959年

工場名	焼窯数	破砕機数	1959年生産計画(千トン)	1959年生産実績 (4半期別, 対計画比) (%)				
				ポルトランドセメント			スラッグ・ポルトランドセメント	
				I	II	III	I	II
川内里	3	6	356.7	31	133	−	4	9
馬洞	4	6	533.9	35	147	230	−	−
勝湖里	3	5	314.8	52	75		140	20
海州	3	4	498.3	54	73	268	73	27
古茂山	1	3	176.2	24	113	36	100	52
計	14	24	1,879.9					

注) ポルトランドセメントは普通セメント，スラッグ・ポルトランドセメントは微粉末混合セメントの意。
出所) 木村編訳（2011：443-45）。

の生産実績（対計画比）は工場，時期ごとに大きなばらつきがあった。ポルトランドセメントの生産実績を平均すると，川内里工場82％（2期間），馬洞137％（3期間），勝湖里64％（2期間），海州131％（3期間），古茂山57％（同）であった。これらを各工場の計画量で加重平均すると，全体で生産計画量を達成するペースであった。反面，スラッグ・ポルトランドセメントの実績は全体的に低かった。報告書は，ポルトランドセメントとスラッグ・ポルトランドセメントの生産割合を6対4と明記しているので，両者を合計したばあい，実績が計画を下回った可能性が十分にある。戦前の同工場群のデータと対比すると，窯，破砕機の総数はそれぞれ大きく違わなかった（前表3-11）。終戦時，生産能力は少なくとも160万トン，おそらく170万トンを上回った。けっきょく，1959年北朝鮮の主要セメント工場生産能力は戦前とあまり違わなかった。稼動率が低かったと

すれば、生産実績は戦前のピーク以下であっただろう。くわえて、北朝鮮では粗悪品の産出、梱包用紙袋の不足による輸送・保管中のロスが多量にのぼった。ソ連の貿易統計によると、北朝鮮はソ連にセメントを1959年13万トン、1960年31万トン輸出した。すなわち、生産の10-20％が輸出向けであった。国内で消費されるセメントのうち、多くは軍事施設、兵器関連地下工場の建設に回されたとみられるから、けっきょく民生用のセメント量は非常に限られたといわねばならない。

7. 兵器工業——平壌兵器製造所と65工場

(1) 平壌兵器製造所

戦前、平壌に兵器工場が存在したことは現在、一般にはもちろん、近現代朝鮮史の研究者にもほとんど知られていない。これは、同工場が陸軍直轄であったために、通常目につく資料、とくに朝鮮総督府の刊行物にその記述が欠落していたからである。たとえば、同府の『施政年報』はこの工場について一切ふれていない。また、『総督府統計年報』の工業生産額はその生産額をふくまない。

同工場が朝鮮史研究者の目にとまったのは、近年復刻された『朝鮮軍概要史』（原典の作成年月不明、おそらくは1951年ごろ）を通じてであろう。その中には平壌兵器製造所の記述があり、同書を復刻した編者もこれに関心を寄せている。日本帝国軍事史の研究書の中にも、この工場に言及しているものがある。しかし言及はごく短く、平壌兵器製造所の詳細な情報を与えていない。

a. 概況

　平壌兵器製造所は秘密工場であったわけではない。戦前平壌に在住していた人々にはよく知られていた。所在地は平壌の中心部ちかく，平壌駅裏，大同江左岸であった。

　沿革は以下のとおりである。

　　1917年9月　東京砲兵工廠所属の朝鮮兵器製造所として創設，

　　1921年4月　大阪砲兵工廠に移管，

　　1923年4月　大阪砲兵工廠が陸軍造兵廠の直轄になったことから，大阪砲兵工廠平壌兵器製造所に改編・改称，

　　1936年8月　陸軍造兵廠小倉工廠（1933年発足）所属の平壌兵器製造所となる，

　　1940年4月　小倉陸軍造兵廠所属の平壌兵器製造所となる，

　　1940年12月　仁川陸軍造兵廠（1940年発足，仁川に第1製造所と技能者養成所を設置）所属となる。

　1923年の同製造所の敷地面積は約20万坪であり，これは1935年までほぼ変わらなかった（その後は不明）。隣接地には，製造された兵器を保管するための施設として陸軍兵器廠平壌出張所があった（発足は1926-29年のあいだで，1940年には平壌兵器補給廠となった）。

b. 製品，職工数その他

〈1936年以前〉

　1923年の資料によると，平壌兵器製造所の主要製品は，

砲用弾丸，車両，革具，麻製兵器，器具材料等であった。
1932年の資料では，砲用弾丸，航空機弾，車両，器具材料，飛行機等であった。

　製品の量については資料が非常に乏しい。1930年以前は多量ではなかったと推測しうる。たとえば，1928年の同製造所「巡視所見」は，「平時在鮮軍隊ノ総テノ兵器修理ニ応スル如ク施設スルコトハ極メテ緊要ト認ム」と述べていた。すなわち，朝鮮軍の平時の兵器修理をまかなうことができない状態であった。1930年代に入っても，大幅に生産が増強されたという証拠はない。飛行機については，部分的修理のみがおこなわれていたとみなすのが妥当である。1936年の資料は，前述の兵器廠平壌出張所が受領した兵器として，38式歩兵銃5千挺，89式戦車13台，91式軽機関銃76挺，各種小口径弾薬98,675個等を挙げているが，その多くは内地から持ち込まれたものとみられる。

　職工数は1923年には214（男子194，女子20）人であった（表3-13A）。これは，1934年までに600人程度に増加したが，その後2年間でやや減り，1936年には約450人となった。1936年の内地の各造兵廠は数千人規模（大阪は8千人超）であったから，これと比較すれば平壌兵器製造所は非常に小さかった。また，内地の一般工場を基準としても，平凡な中規模工場であったにすぎない。しかし工業化が遅れていた朝鮮内では，例外的に大きな工場であった[7]。

　職工の民族別内訳は不明である。各年の「所見」によると，陸軍は同工場における朝鮮人労働運動の広がりをつよく警戒していた。この事実から，平壌兵器製造所の職工の

表 3-13 職工数，平壌兵器製造所・造兵廠，1923-37年度

A. 平壌兵器製造所，1923-36年（各年4月1日）

年	1923	1924	1925	1926	1927	1928	1929
男子	194	275	252	250	250	239	250
女子	20	23	23	23	23	19	19
年	1930	1931	1932	1933	1934	1935	1936
男子	281	353	403	530	573	502	426
女子	18	16	24	24	20	17	20

B. 平壌兵器製造所および造兵廠全体，1937年度各月（男女計）

	1937年					
	4月	5月	6月	7月	8月	9月
平壌兵器製造所	486	469	478	495	558	717
造兵廠全体	25,078	25,602	32,312	27,379	29,367	35,803
	1937年			1938年		
	10月	11月	12月	1月	2月	3月
平壌兵器製造所	1,514	1,430	1,596	1,652	1,770	1,889
造兵廠全体	54,797	65,303	77,699	75,740	80,365	85,396

注）原資料は日本兵器工業会による。次表も同。

多く（あるいは全員）が朝鮮人であったと考える。

〈1937-45年〉

 1937年度から平壌兵器製造所の状況は大きく変った。これは職工数の変化から知ることができる。すなわち，職工数は1938年3月末までに約2千人に激増した（表3-13B）。とくに，盧構橋事件が起った1937年7月以降，増加が著しかった。この原資料の備考欄に同事件発生の事実が記されていること，内地の造兵廠の職工数も同様に急増したことからも，その影響が明らかである。その後の職工数の伸びは不詳であるが，終戦時には平壌兵器製造所の職工数は3-4千人に達したと推測しうる。

 主要製品は弾丸であり，終戦直前には月間18万発（年間

7. 兵器工業

表3-14 平壌兵器製造所の生産能力，1941-45年

月産（千個）

	1941.7	1943.3	1945.3
弾丸（搾出小・中口径）	50*	50	186
弾丸加工（同）	40	40	52.3
爆弾加工	5	5	3.8

*1941.3.

200万発強）の製造能力を有した（表3-14）。爆弾の生産（加工）も相当量にのぼった。朝鮮北部には当時，火薬工場として朝鮮窒素火薬（咸鏡南道興南），朝鮮浅野カーリット（黄海道鳳山），朝鮮火薬（黄海道海州）が存在し，これらが平壌兵器製造所に火薬を供給していたと考えられる。そのほかの品目については，生産実績があったのかどうかをふくめて，不明である。

（2）65工場

北朝鮮の公式文献によれば，金日成は北朝鮮への帰還直後に，廃墟となっていた旧日本の兵器修理所を視察し，兵器工業の育成策を練ったという。この修理所が平壌兵器製造所であったことは確実である。金日成は，そこに残された設備と技術者，労働者を集め，国内兵器工業の中核とした。1947年9月には機関銃の試作が始まり，翌48年3月にその最初の製品が完成した。金日成は1948年12月12日に，これを記念して「国家試験射撃行事」を盛大に催し，同時に兵器工業のさらなる発展—とくに迫撃砲，手榴弾，弾薬，砲弾の製造—を命じた。これを受けてこの工場は1949年2月に設備を拡張し，以後，65工場というコード・ネームを付された。米軍が収集した情報によれば，1948年11月にこ

の工場では，ソ連人アドバイザー3名，朝鮮人民軍人1名の統率下で1,500名の労働者が働いていた（木村 2003：207）。

金日成は1961年，以下のように述べた。

> 「解放直後，国の事情は非常に困難だったが，われわれは多大の力と資金を投じて65工場を建設し，はじめて銃と弾丸の生産を開始した。祖国解放戦争のとき，飛行機や大砲などは自力でつくれなかったが，自動短銃，迫撃砲，弾薬，砲弾などは少なからず自力で生産供給した。」

90年代に韓国に帰順した元・朝鮮人民軍将校はつぎのように証言した。

> 「北朝鮮は，解放後初めての2か年計画（49-50年）ですでに兵器の生産を優先し……49年には機関銃の試作品を生産した。この時から，平壌市平川区域所在の旧日本陸軍造営廠（現3月25日ベアリング工場）や咸興の本宮化学工場などにおいて，機関銃や弾薬，火薬などが生産され始めた。朝鮮戦争中には平壌兵器廠が平安南道江東郡烽火里（現平壌市江東郡烽火里）に移転，地下化され，同工場において旧ソ連製42年式機関銃と82ミリ迫撃砲，迫撃砲弾と弾薬，手榴弾などが生産された。」

このように，名称は正確ではないが，平壌兵器製造所が朝鮮戦争中に地下工場として稼働したことが語られている。

7. 兵器工業

　他方，1951年に在北朝鮮ソ連大使館員がモスクワに送った秘密報告書には下記の叙述がある。

　「65工場。この工場は，平壌から160里（70km）離れた平安南道成川郡に立地している……所々の低い丘のひとつに65工場が配置されていた。工場は，旧日本の鉛・錫鉱山の坑道内にある。作業場は数階に分かれて地中深く隠され，狭い通路によって相互に連結されている。65工場――これは，現在兵器を製造するDPRKの大規模総合工場である。工場では次のものを製造している。弾薬筒，対戦車手榴弾，シュパーギン式自動小銃，82ミリ迫撃砲。工場がこの場所に移転されたのは戦争開始後すぐ――1950年6月のことであった。秋の朝鮮人民軍の退却時に，水豊地域の鴨緑江岸に工場疎開がおこなわれた。1950年12月に平壌が解放されたのち，工場は再びこの地に戻され（1950年12月14日），作業の展開が開始された。この大工場には近代的技術が装備されている。作業場――大きな地下室には，フライス盤，旋盤，研磨盤など多数の工作機械がある。稼動中の工作機械のうなりが作業場に満ちている。各種工作機械が所狭しと並んでいる。設備の一部は日本製であり，他はソ連から運ばれたものである。いくつかの機械は機能を停止している。修理に必要な要員がおらず，また機械復旧用の部品のストックがない。

　工場は国家計画を達成していない。しかし工場の副支配人が述べたように，総生産量は1950年秋の水準の180％となっている。工場では3,600人の労働者が働い

ている。その主要な構成員は若年者である。労働者の80％は民主青年同盟員であり，かれらはその組織から派遣されてここでの重要な任務についている。工場の労働党組織はその隊列に400人，すなわち全労働者のおよそ15％を数える。」(木村編訳 2011：267)。

この記述は，移転地の名称が異なるほかは前記の将校証言と整合的である。

1951年初，当時の産業相（チョン・イルリョン，鄭一龍）は労働者にむけてつぎの演説をおこなった（ロシア語に翻訳されている）。

「65工場の労働者は省の指導部と密接に連携して，敵が平壌に接近した1950年10月18日まで武器の生産を続け，事前に作成された計画にしたがって翌日の3時までに主要設備を退避させた。その結果，設備は守られ，敵は武器の生産のためにそれを利用することができなかった。計画的な疎開の結果860人の幹部，労働者，技術者と主要な技術文書と作業図が守られたので，この工場は現在，操業可能である」(同：240)。

朝鮮戦争後の1956年ごろ，中国朝鮮族のR氏は中国側の休戦監視委員として，実際に65工場を訪れた経験があるという。その場所は成川郡であった。現場を視察した2件の報告があることから，元・人民軍将校のいう移転先は誤りで，成川郡が正しいとみるべきであろう。

これら一連の資料から，戦後，1950年までの平壌兵器製

造所の変遷をつぎのように要約しうる。

    1947年　機関銃の試作開始,

    1948年　同完成,

    1949年2月　設備拡張, 65工場と改称,

    1950年6月下旬　設備, 労働者を成川郡内の鉱山に移転しここで操業をおこなう,

    同10月19日　米軍の進攻にともない, 設備, 幹部・労働者を中国国境地帯に疎開させ生産を続行,

    同12月14日　中国軍による米軍撃退にともない, 成川郡に設備, 人員を戻して生産を続行。

1950年上半期の北朝鮮工業生産にかんする旧ソ連資料によれば, 65工場の生産額は1.59億ウォンであった（表3-15）。単独の工場なので, その額は全体の生産額に比すれば小さい。しかし他の生産額が部門別の集計値であるのにたいして, 65工場の生産額は個別工場の中で唯一計上されていた。これは, 政府が同工場を特別に重視していたことを示唆する。

朝鮮戦争後, 65工場は1970年代まで同じ場所に存在したとみられる[8]。

8. まとめ

日本帝国は朝鮮北部に巨大な工業遺産をのこした。42-45年, 生産の主目的は戦争遂行であったから, 終戦と同時に各企業は鉱山・工場の操業を全面的に停止した。そののち新たな体制のもとで操業が再開され, 生産は回復に向

表3-15 旧ソ連資料中の北朝鮮工業生産統計表，1950年上半期

(百万ウォン)

No	部　門	1950年上半期		対計画比 (％)
		計画	実績	
1	電力	614.0	470.0	76.5
2	石炭業	847.0	795.0	93.9
3	採鉱－鉄	399.0	428.0	107.3
	非鉄	1,141.0	841.0	73.7
	M精鉱	855.0	160.0	18.7
4	金属工業	3,699	2,784	75.3
	鉄鋼	2,197	1,792	81.6
	非鉄	1,501	991	66.0
5	機械工業	677	704	104.0
	65工場	150	159	106.1
	造船	178	182	102.2
6	化学工業	2,013	2,386	118.5
7	軽工業	469	512	109.3
8	建材工業	2,919	2,939	100.7
	省総計	13,980	12,360	90.0

注） M精鉱のMはモナザイトのコード・ネーム。数値は原資料どおり（各欄の合計値が「省総計」に一致しない）。
出所） 木村編訳（2011：210）。

かったが，朝鮮戦争によりふたたび減少した。停戦後，政府の努力にもかかわらず，鉄鋼やセメントなど諸基礎資材の生産増は計画どおりには進展しなかった。それらの生産量が60年までに日本統治期のピークにもどったかどうか非常に疑わしい。例外は兵器生産であった。北朝鮮政府の公表統計は兵器生産を一切しるさないが，朝鮮戦争期および停戦後をつうじて兵器生産が増大したことは確実である。それは，日本統治期の小規模な弾丸・爆弾生産から多種・多量の生産へと飛躍した。

8. まとめ

　韓国と比較すると，1960年ごろ，北朝鮮の電力，鉱業，重化学工業の生産規模が圧倒的に大きかったことに疑問の余地はない。韓国には日本統治期以来，その基礎がほとんど欠けていたからである。その一方，綿紡織工業や食料品工業では韓国が優勢であった。この事実は忘れられがちであるが，国民の生活水準の観点から無視しえない。

注

1） 苦汁法は理研（理化学研究所）がいち早く取り入れた。しかし日本帝国では苦汁原料が不足したために，苦汁とマグネサイトとの併用法が考えられた。上記の朝鮮軽金属は，理研が建設した工場であった。マグネサイトを主原料とする方法は欧米で盛んであった。ドイツでは，マグネサイトから塩化マグネシウムを製造し，これを電解して金属マグネシウムを得ていた。三菱マグネシウム工業鎮南浦工場では信越化学工業の苦汁法を主とし，鉱石法を併用した。

2） 1940年，日本の1人当り工業生産額は458円であったから，北鮮の工業水準は日本のそれの半分ちかくに達したことになる（日本銀行 1966：13；篠原 1972：143）。

3） 現 DPRK 領域と現韓国領域の工産額算定にあたり，休戦ラインが通る京畿道と江原道の南北分割は人口比でおこなわれている（原 2008：76）。

4） 米軍は停戦交渉を有利にはこぶため，1952年6－7月，北朝鮮の各発電所を空爆した。米軍の偵察によれば，これにより水豊発電所の発電能力70万 KW 中，12万 KW が不能となった。ソ連軍の報告では，変圧器と配電設備に大きな被害がでた。水力タービンは無傷であった。発電機は，稼動していた4基中2基のコイルが焼けた。ダムの被害はなかった。米軍の空爆は同年9月，53年2月にもおこなわれた。

5） 平壌で刊行された日本語の書物（たとえば日本語版金日成著作集）は，この鉱山を剣徳と表記する。これは，検，剣の朝鮮語発音がともにコムであることから生じた誤りであり，平壌における歴史忘却を示唆する。

6) 60年以降，ソ連へのマグネシア・クリンカー輸出は急増し1968年には20万トンを超えた。その後，鉛・亜鉛，マグネシア・クリンカーは北朝鮮の対日・ソ主要輸出品となった（国内向けではおそらく，鉛や亜鉛はとくに兵器製造の原材料として使われた）。端川地区の鉱業生産は1989年，金日成が北朝鮮経済の「生命線」と呼ぶまでに高まった。

  7) 1932年，朝鮮の全工場（職工数5人以上）数は2,543，そのうち職工数200人以上のものは44にすぎなかった。

  8) 70年代以降は，慈江道前川郡の地下に移転され，従業員5千人規模に拡張された（新名称は2・8機械工場）。そこでは，各種自動小銃，迫撃砲，機関銃を製造した。90年代の製造品目には，自動小銃，軽・重機関銃，高射機関銃，無反動砲，迫撃砲が含まれていた。

第4章　初等教育

本章ではまず，学校統計，識字調査を利用して戦前の初等教育の普及度を検証する。ついで1946–60年の北朝鮮政府の学校統計と教育政策を展望する。

1. 戦　前

日本統治下朝鮮では，伝統的な書堂が残存したほか，総督府の教育令にもとづく初等公立学校・私立学校が多数設立された。同府は教育の基本方針を，実用知識を備えた「忠良なる帝国臣民」の養成においた。既述のように（第1章），初期，一般の朝鮮人児童が通う初等学校は普通学校と呼ばれた。同学校の修業年限は当初4年で，1922年から6年に延長された。朝鮮に在住する日本人児童は通常，これとは異なる「小学校」に通った。1938年，総督府は普通学校を小学校と改称し，朝鮮人と日本人の学校名を統一した。1941年，これをさらに国民学校と改称した。同府の学校統計は学童を初期は児童，のちには生徒と記すが，以下では児童に統一する。

〈就学率〉
全初等教育機関への朝鮮人就学率の変化を南北別，男女

図4-1　朝鮮人初等就学率，南北・男女別，1911-42年

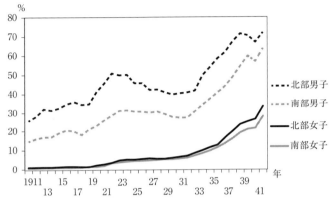

注）　学齢人口・総人口比を17%として計算した。本データはもともと別稿のために厳密な南北別就学率推計を目的に作成したので，江原道の児童を分割して北部に1/4，南部に3/4を振分けている。これは本書の北部・南部の定義と異なるが，相違はごくわずかである。

別に示すと，いくつかの興味ぶかい事実が判明する（図4-1）。第1に，男子は一貫して北部のほうが南部より高かった。その差は10-20パーセントポイントに及んだ。女子は，男子の水準の半分以下で，南北間の差異も小さかったが，それでもやはり（1919年をのぞき）北部のほうが高かった。第2に，男子は南北とも1910年代から20年代初に上昇傾向をたどったが，20年代後半-30年代初は一転して下降した。30年代半ばになると再度反転，以後急上昇し，1942年には北部では72%，南部では64%にたっした。女子にはこのような循環はみられず，南北とも全期をつうじて上昇傾向を示した。初期の上昇率はごく小さかったが次第に加速し，30年代後半には大はばになった。

1. 戦　前

表4-1　朝鮮人初等就学率，地域・男女別，1921-42年

	男　子				女　子			
	北鮮	西鮮	中鮮	南鮮	北鮮	西鮮	中鮮	南鮮
1921	40.8	49.4	30.6	22.7	2.4	3.1	2.6	1.5
1922	45.3	55.1	33.8	24.9	3.0	4.0	3.7	3.1
1923	47.8	52.3	36.3	27.5	5.0	5.0	4.7	3.2
1924	48.3	52.7	36.3	27.8	5.7	5.3	5.1	3.6
1925	42.6	48.6	34.5	27.8	5.8	5.1	5.6	3.7
1926	43.7	48.0	34.5	27.8	6.2	5.5	5.9	3.8
1927	44.5	46.9	34.8	27.8	6.9	6.0	6.3	4.0
1928	42.0	48.2	35.4	28.4	6.1	6.0	6.6	4.1
1929	40.2	46.7	34.1	26.8	6.5	5.8	6.9	4.4
1930	37.8	46.1	31.1	25.8	6.5	6.5	6.8	4.5
1931	37.9	46.8	29.9	25.7	6.8	7.1	7.2	4.9
1932	39.7	46.7	30.3	25.6	7.3	7.7	7.9	5.2
1933	43.9	48.5	32.9	28.8	8.5	9.1	9.1	6.1
1934	48.4	52.1	36.6	32.2	10.1	10.3	10.6	7.0
1935	54.9	55.4	40.2	35.1	12.6	11.4	12.4	8.0
1936	59.2	60.2	43.1	38.8	11.6	13.9	14.0	9.6
1937	59.7	64.4	46.6	41.9	17.7	16.4	16.7	11.2
1938	66.6	69.2	51.6	46.7	22.3	19.2	19.2	13.6
1939	71.0	73.4	55.8	53.1	26.2	22.6	22.3	16.4
1940	62.9	73.7	63.1	58.0	26.4	24.6	23.3	18.7
1941	65.7	76.1	62.6	61.1	32.5	29.6	28.6	23.1
1942	68.4	75.2	60.6	65.8	36.0	32.3	30.8	25.0

　南北をさらに地域別にみると，北部の男子就学率は西鮮が北鮮より高く，女子は逆に，北鮮がやや高かった（表4-1）。南部の就学率は男女とも南鮮が中鮮より低かった（ただし，南鮮の男子就学率は1942年に至って中鮮のそれを上回った）。

　教育普及度には，おおくの歴史・社会・政治・経済要因，すなわち伝統・慣習，住民の意識，国家の政策，所得水準などが影響する。一般に，教育普及度の地域間格差は長期

間つづく傾向がある。教育の価値がよくわかるのは教育を受けた者である。教育を受けない者は必ずしもそうではない。そのため，教育普及度が高い地域ではそれが維持され，低い地域では遅れが継続しがちとなる。戦前をつうじた朝鮮北部の教育普及度の相対的な高さ，同南部の低さは，この単純な経験則から理解できる。

　時期ごとの変化の要因はより複雑である。1910年代，総督府は各地に公立学校を設立したが，就学児童の増加率は必ずしも高くなかった。1919年，同府は3面1校（3か村に1つの普通学校）計画を開始し，就学率のいっそうの向上を図った。その結果，19-24年，公立学校・同男子児童の数がおおきく増加した。他方，1912-19年，私立学校男子児童数は半減した。韓国併合当時，私立学校は民族運動の一拠点であった。このため総督府は私立学校の廃校，公立学校への転換・吸収を推進した。書堂就学率は逆に上昇した。この時期，同府は書堂にたいしてつよく干渉しなかった。通学可能範囲内に公立学校が存在しない地域では，朝鮮人児童の教育を在来の書堂に依存せざるをえなかったからである。朝鮮人の側には，総督府の私立学校圧迫に抵抗するために，書堂に依拠して民族教育をおこなう動きがみられた．書堂数は1912-20年間，16,540（北部6,400，南部10,140）から24,193（同，9,998，14,195）に増加した．

　1924年から約10年間の男子就学率低下の要因は，第1に書堂就学率の低下であった。総督府は1918年，書堂規則を発布し，以後これにもとづき書堂にたいして規制をくわえた。そのため書堂数は全朝鮮で1934年には6,843まで減少した。第2に経済状況が悪化した。とくに，農産物価格が

大きく下落したため，多くの朝鮮人農民の所得が減少し，授業料など教育費負担力が低下した。第3に，民族運動の影響があった。1919年の3・1運動後，民族運動は，下火になったとはいえ続いた。1929年には光州学生事件（朝鮮人・日本人中等学生間の乱闘事件）をきっかけに，抗日学生運動がもりあがり，全国で同盟休校が起った。これは公立学校就学への意欲を削いだ。

1930年代後半，書堂就学率は低下，私立学校就学率は停滞したが，公立学校就学率は急上昇した。それは爆発的ともいえるほどであった。その一要因として満洲事変以降の経済状態の改善をあげうるが，より重要なのは政策であった。帝国政府は日本内地だけでなく外地にも戦時体制を敷き，国民精神総動員運動を展開した。教育は戦時体制強化の重要な手段であった。外地の就学率向上，同化教育―日本語教育・皇民化教育の強化，職業教育の拡充は大きな政策目標となった。このもとで，総督府は1面1校計画(1929-36)，簡易学校計画（1934-），第2次初等教育普及拡充計画（1937-42）を実施し，初等学校をおおはばに増やした。同化教育にたいする反発から書堂と私立学校は根強くのこったが，多くの朝鮮人は公立学校に就学した。総督府はさらに，1946年から義務教育を実施するべく準備をすすめた。

〈識字率〉

総督府は1930年，国勢調査の一環として識字（諺文すなわちハングル，および仮名）能力の調査をおこなった。それによれば全朝鮮で，20-39歳朝鮮人男子の識字率（ハング

表4-2　25歳以上の朝鮮人識字率，1930年

A．地域別　(%)

	北　鮮		西　鮮			中　鮮	南　鮮
	咸鏡南道	咸鏡北道	黄海道	平安南道	平安北道		
男子	50.4	52.8	60.4	68.1	60.4	42.9	40.4
女子	2.8	3.5	6.9	10.2	7.2	11.1	6.8

B．都市

	府名	男子	女子
北　鮮	清津	67.3	15.7
	咸興	78.2	21.9
	元山	68.2	23.0
西　鮮	平壌	83.2	38.1
	鎮南浦	67.3	17.6
	新義州	75.7	29.3
中　鮮	京城	80.0	42.4
	開城	78.5	31.4
	仁川	63.6	25.3
南　鮮	大邱	67.0	31.8
	釜山	50.9	14.5
	馬山	56.7	19.4
	群山	62.7	28.9
	木浦	67.0	24.7

出所）朝鮮総督府（1934：96-103）。

ルおよびまたは仮名の読み書きができる者対人口比）は50％を超えた。同女子のそれは10％強であった。これらの数値は1910年代の就学率に比して高すぎる。推計上の誤差は一般に識字率のほうが就学率より大きいであろう。国勢調査の識字調査方法は客観性を欠いていた。たんに文字の読み書きができるかを口頭でたずねたにすぎない。被調査者はたとえまったく文字を知らなくても，あるいは少しでも知っていれば，面子を保とうと「できる」と答えたかもしれない。このことから，上記識字率の数値は額面どおりに受け入れがたい。じっさいにきちんとした識字力をもつ者はもっと少なかったであろう。

　他方この調査は，地域格差の観点から重要な事実をつたえる。それは北部のほうが南部より男子識字率が高かったことである（表4-2A）。すなわち，西鮮60％台，北鮮50％

台，中・南鮮は40％台であった。女子は北鮮が約3％と最低であったが，西鮮と中・南鮮は7％弱−11％で相互に大きな差はなかった。都市（府）は平均より高かった（同表B）。これは世界の通例に倣う。都市でも男子識字率は，全般的に北部のほうが南部より高かった。とくに平壌が最高であったのは注目に値する。このような地域間格差は就学率のそれと一致する。教育普及度における北部の優位は疑いえない。

2. 戦　後

　帝国の崩壊，ソ連軍の占領による権力の交替は朝鮮北部の教育を激変させた。日本の教育制度は一掃され，新たな「人民教育」が推進された。共産党政権は当初その目的を表には出さなかったが，それは全国民にソ連式社会主義思想を移植させることにあった。政権は初等学校（国民学校）を人民学校と改称し，日本統治期以上に増設をはかった。政府統計によれば，人民学校と同学生（学童）数は1946−50年間に急増した（表4−3）。ここで学生数Aは通常の就学生，同Bはこれに夜学生と通信制学生をくわえた数値である。両者の差がかなりおおきいことから，夜学と通信制への依存度が高かったことがわかる。就学生の対人口比率も上昇した。朝鮮戦争中は学校数，就学生ともに減少した。その後，1950年代後半，学校数が増加した反面，就学生は減少した。この間，人口は増大したので，就学生・人口比は低下した。北朝鮮の統計は通常，発展を誇大にしめすが，これは例外的である。総人口に占める学齢人口が

表4-3 人民学校・同学生数,北朝鮮政府統計,1946-61年

	1946-47	1947-48	1948-49	1949-50	1953-54	1956-57	1957-58	1959-60	1960-61
1. 学校数	2,482	3,008	3,245	3,882	3,399	3,777	4,006	4,122	4,145
2. 学生数 A	1,183	1,341	1,379	1,474	1,391	1,508		1,094	957
3. 学生数 B	1,256			1,893	1,729	2,018	2,113		
4. 人口	9,257			9,622	8,491	9,359		10,392	10,789
5. 2／4	0.128			0.153	0.164	0.161		0.105	0.089
6. 3／4	0.136			0.197	0.204	0.216			

注) 学生数 A,B については本文参照。1946-47年の人口は1946年末の数値。以下,同様。
出所) 朝鮮中央通信社 (1949:128), U.S. Department of Commerce (1960:106), 朝鮮民主主義人民共和国国家計画委員会中央統計局 (1961:18, 155, 163)。

減ったのか,初等教育の停滞が真に起ったのか,統計の誤りなのか,その理由は不明である。いずれにせよ,戦前すでに男子就学率が70％を超えていたことから,1946-50年の就学率上昇の主因は女子就学生の増加とみてよいであろう(就学生の男女別統計がえられないので,この点を明示できない)。

戦前と分かつ戦後すぐの北朝鮮教育の特徴は,成人識字教育の推進である。ソ連軍政下の朝鮮人臨時政府-北朝鮮臨時人民委員会は1946年11月,「冬期における農村の文盲退治運動にかんする件」と題する指令(同委員会決定第113号)を発した(金日成 1983:40;鄭・崔編 1993:1024-25)。それは冒頭で,日本帝国主義者の悪辣な統治によって朝鮮農民の大部分は文盲となったとのべ,以下のように命令した:①1946年11月1日から47年3月31日まで強力な文盲退治運動を展開する,②各地,各級の人民委員会教育責任者が各村落に文盲退治班を組織する,③12-50歳の男女文盲者は義務的に就学し,期間内に毎日2時間以上の教育をう

ける，④経費は各級人民委員会が負担し，学校，公会堂，クラブ，読書室を教室に使用する，⑤教員は学校教員，政党・社会文化団体の成員の中から適任者を選定する。47年4月には，北朝鮮人民委員会（旧臨時人民委員会）があらためて，ハングル学校，成人学校をひろく設置するよう各機関に命じる一方，各職場に技能・技術講習所を設けることを決定した（人民委員会決定第25号「成人教育および職場教育体系にかんする決定書」）（鄭・崔編 1993：1028）。さらに同年11月，46年と同様の文盲退治運動にかんする命令を下した（同決定第83号）（『法令公報』第37号，1947年11月26日）。この結果，政府統計によれば，1947年度中に848,464名の文盲が退治され，1948年3月末までに文盲者数は83.4パーセントポイント減少した（朝鮮中央通信社 1949：135）。

　産業の発展は時間を要するが，基礎的な初等教育とくに識字教育は急激に普及・発展しうる。思想・政策の宣伝，効果的な労働動員と生産性向上のためにおおくの社会主義国が教育普及の徹底をはかり，経済的にはおくれていても，相対的にたかい教育普及度を達成した[1]。それを可能にしたのは，政府機関による組織的な力の行使であった。それは住民の意思とほとんど無関係におこなわれた。北朝鮮も例外ではなかった。戦後南朝鮮・韓国でも初等教育・識字教育が急速に発展した。それには政府の政策が大きな役割をはたしたが，それ以上に重要な要因は住民の教育欲求の増大であった。住民は民族解放の熱狂のなかで，将来の社会的地位上昇の最重要手段を教育にもとめ，みずからの意思で学校に殺到したのである。これに対応する現象は，北朝鮮ではみられない。

北朝鮮の識字教育で特記すべきは，学習をハングルに限定したことである。すなわち北朝鮮では，漢字教育は実施されなかった。短時日での文盲者の減少はこの方策によるところが大きかった。政権は1947年に朝鮮語文研究会を創設し，ハングルの綴字統一法，横書き，漢字廃止問題の討議を正式に開始し，1950年代初期までに漢字を廃止したのである（鄭・崔編 1993：1038-39；宋枝学編訳 1960：237-38）。漢字の廃止は多方面におおきな影響を与えたであろう。経済開発の観点からは，日本語の技術文献を一般の技術者が読解しえないという不利益を生んだと考える[2]。

注
　1）　金日成は，1977年に発表した「社会主義教育に関するテーゼ」で，政治・思想教育は社会主義教育でもっとも重要な位置をしめると述べた（金日成 1979：85）。
　2）　1960年代には，日本統治期に教育を受けた者が生産現場で指導的立場にあり，かれらは日本語の技術文献をくりかえし読んでいたという（木村・安部 2008：77）。

第5章 防　　疫

　本章でははじめに戦前朝鮮の伝染病について概観し，つぎに関連統計を検討する。とくに痘瘡―天然痘―の流行と種痘の状況を調べる。後半は戦後北朝鮮にかんして同様の調査をおこなう。痘瘡の問題には特別な意義があるので，これについて重点的に述べる。

1．戦　　前

　戦前，朝鮮ではコレラ，赤痢，チフス（腸チフス，パラチフス，発疹チフス），痘瘡，猩紅熱，ジフテリア，流行性脳脊髄膜炎などの急性伝染病が流行した。このほか，患者が恒常的に存在した伝染病（風土病）には，アメーバ赤痢，マラリア，肺ジストマ，十二指腸虫，再帰熱，麻疹（はしか），結核などがあった。肺ジストマは（シナ）モクズガニ（いわゆる上海ガニ），ザリガニなど淡水動物が媒介する寄生虫（吸虫）病である。朝鮮では古来，これら淡水動物を生食する習慣があったので，この病気が蔓延した（日本でも四国や九州に患者が多かった）。1930年代の調査によると，平壌の朝鮮人初等学校児童のおよそ8割が寄生虫保有者であった。この比率は，日本のどの主要都市よりも高かった。総督府は1924年にモクズガニとザリガニの採取・

授受禁止令を発布する一方,これらの生食の危険性周知と火食の勧奨,肺ジストマ治療法の開発をはかった。その結果,事態が改善したので,1934年に上記の禁止令を廃止した。

マラリアは日本と異なり,各地方にひろく存在した。日本統治初期に朝鮮を訪れた日本人の医療従事者は,朝鮮では予想外にマラリア患者が多いと述べていた(長谷川 1913:53-69)。このマラリアは,地球上にひろく分布する三日熱マラリアであった。熱帯・亜熱帯地方にみられる四日熱マラリアと熱帯マラリアは,朝鮮ではまったく存在しないと考えられていたが,1930年代にその症例が発見され,医学研究者をおどろかせた。マラリアを媒介するハマダラ蚊は朝鮮では越冬できなかったが,潜伏期間が長いばあいもあったために,冬期にも患者が発生したのである。1931年,マラリア患者は朝鮮北部では平安北道と咸鏡南道,朝鮮南部では京畿道,慶尚南・北道,江原道で発生し,総数138,943名におよんだ。

コレラはもっぱら外部から侵入した。1919年に満洲,ウラジオストックから侵入したコレラは朝鮮全域で猛威をふるい,患者16,091名,死者11,084名を出した(関水 1923:215)。翌1920年には福岡県から侵入した。これは四川省重慶を起源とし,台湾を経て日本に蔓延したものであった。朝鮮の患者,死者はそれぞれ24,229名,13,570名に上った。その後,総督府はコレラの流行を非常に警戒し,中国や日本で発生が伝えられるや,船舶検疫,予防注射を大々的におこなった。その結果,朝鮮内での大規模な流行はみられなくなった。

1. 戦　前

　外部から侵入の危険があった他の伝染病は，ペストであった。1920年には満洲，沿海州で肺ペストが流行した。総督府は北鮮方面の防疫を厳格化し，その侵入を防止した。
　赤痢，チフス，痘瘡，猩紅熱，ジフテリアは，朝鮮で発生して定期的に流行する伝染病であった。総督府は，保菌者の検索，飲料水の改善，学校教育や映画をつうじた衛生思想の普及，無料ワクチンの接種（痘瘡ワクチン以外のワクチンは総督府細菌検査室で製造した），予防液の配布などをおこない，これらの防疫につとめた。このうち飲料水にかんしては，都市で上水道建設がすすみ，1915－42年間に給水戸数が3.7万戸から34.6万戸に増大した。これらの施策にもかかわらず，定期的流行の完全な防止は困難であった。
　1924－42年の総督府統計によれば，上記の伝染病のなかでは朝鮮全体で腸チフスの患者がもっとも多かった（表5－1）。趨勢としては全体に増大傾向にあった。しかしこの統計には疑いがある。1930年代の日本では年間に以下の数の患者が発生していた：赤痢　3万－10万，腸チフス　4万，痘瘡　数十から数百，猩紅熱　6千－2万，ジフテリア　2万－4万。これに照らすと，痘瘡をのぞき，全朝鮮の患者数は過度に少ない。戦前，朝鮮における日本人と朝鮮人の人口当り患者数を比較すると，前者が後者の20倍の大きさであった（1910－30年平均）（瀧田 1932：297）。朝鮮在住日本人の多くは罹患すると医師の治療を受けたが，朝鮮人は医師にかかる率が低かった。朝鮮人のなかには，患者を隠匿する者も多かった。こうした点から，届出のあった朝鮮人患者数はじっさいの患者数をおおはばに下回った

第5章 防疫

表5-1 急性伝染病患者数・死者数，全朝鮮，1924-42年

	コレラ		赤痢		腸チフス		パラチフス		疱瘡	
	患者	死者	患者	死者	患者	死者	患者	死者	患者	死者
1924	0	0	1,443	386	3,273	567	301	16	439	85
1925	6	5	2,030	488	5,006	906	474	66	699	170
1926	252	159	2,277	594	5,174	805	372	33	1,010	237
1927	0	0	3,291	750	4,762	700	461	58	627	149
1928	0	0	2,772	645	6,557	1,037	409	32	290	83
1929	18	15	3,347	742	6,324	1,039	359	32	523	126
1930	0	0	2,052	419	7,954	1,065	402	21	1,418	323
1931	0	0	1,912	406	6,615	914	564	35	1,376	343
1932	70	38	2,339	561	6,306	992	516	35	2,787	544
1933	0	0	2,833	553	7,725	1,078	565	39	4,928	966
1934	0	0	2,695	527	5,624	822	470	32	450	135
1935	0	0	3,675	749	7,496	1,201	707	49	1,273	324
1936	0	0	4,584	859	6,748	1,103	507	37	1,400	371
1937	1	1	4,329	815	5,417	933	389	25	205	44
1938	50	32	4,957	810	5,855	965	600	30	39	10
1939	0	0	6,714	1,173	7,000	1,184	537	39	625	179
1940	0	0	4,168	754	12,098	1,795	904	64	3,264	629
1941	0	0	2,900	533	10,827	1,609	692	39	4,720	1,061
1942	0	0	3,628	532	11,116	1,463	683	60	1,600	404

	発疹チフス		再帰熱		猩紅熱		ジフテリア		流行性脳脊髄膜炎		計	
	患者	死者	患者	死者	患者	死者	患者	死者	患者	死者	患者	死者
1924	540	94	-	-	1,361	340	523	185	53	26	7,933	1,699
1925	225	34	-	-	734	158	514	203	17	11	9,705	2,041
1926	1,239	136	-	-	798	135	497	191	12	5	11,631	2,295
1927	952	84	-	-	904	179	607	223	96	57	11,700	2,201
1928	1,769	195	-	-	1,322	306	589	210	12	5	13,720	2,513
1929	1,164	128	-	-	1,606	345	823	313	152	91	14,316	2,831
1930	1,683	192	-	-	1,495	262	846	302	48	24	15,898	2,608
1931	1,466	137	-	-	2,190	319	941	323	104	58	15,168	2,535
1932	1,166	132	-	-	2,223	313	1,276	433	113	59	16,796	3,107
1933	1,439	152	-	-	1,498	116	1,425	406	128	59	20,541	3,369
1934	1,072	133	-	-	1,183	92	1,691	447	499	264	13,684	2,452
1935	1,134	153	-	-	1,120	143	1,751	524	517	272	17,673	3,415
1936	1,304	145	-	-	1,147	168	1,856	474	323	164	17,869	3,321
1937	890	111	-	-	937	85	2,361	608	189	115	14,718	2,737
1938	526	81	-	-	765	29	2,490	513	369	210	15,651	2,680
1939	1,276	146	-	-	720	22	2,738	680	239	109	19,849	3,532
1940	1,346	181	137	10	550	25	2,723	558	153	77	25,343	4,093
1941	1,352	163	475	26	427	25	5,648	503	126	58	24,167	4,017
1942	2,571	329	668	19	398	9	2,889	540	97	37	23,650	3,393

とみるべきである。じっさい、当時の医療従事者は朝鮮の伝染病の「濃度」は内地の数倍にたっすると判断していた。過小評価の可能性は初期ほど高いので、上記の患者数増大を事実とみなすことはできない。表で患者死亡率は全般的に低下していた。これは、軽症または発症初期の患者の受診率の増加、治療の進歩を示すと解せる。当局による未把握分をふくめれば、患者総数は長期的にむしろ減少したと考えるべきである。

表5-2は、朝鮮北部の赤痢、腸チフス、痘瘡の患者・

表5-2　赤痢・腸チフス・痘瘡患者数・死者数、朝鮮北部、1924-42年

	赤痢				腸チフス				痘瘡			
	北鮮		西鮮		北鮮		西鮮		北鮮		西鮮	
	患者	死者	患者	死者	患者	死者	患者	死者	患者	死者	患者	死者
1924	65	18	161	46	224	36	874	144	1	0	74	18
1925	194	55	133	47	521	84	918	158	11	5	130	61
1926	123	28	396	116	467	75	1,802	259	233	65	71	28
1927	158	40	254	86	660	71	1,395	212	60	10	191	72
1928	150	34	265	93	689	114	1,484	242	39	7	190	70
1929	24	6	159	63	766	130	1,843	269	74	19	377	90
1930	117	24	134	52	945	125	2,061	279	664	168	336	63
1931	70	17	152	52	931	142	1,389	187	801	231	23	1
1932	136	27	151	48	773	105	1,456	228	59	23	110	26
1933	206	40	189	60	1,321	141	1,896	279	62	18	762	148
1934	205	31	176	51	999	129	1,243	195	180	71	122	36
1935	297	66	197	61	1,261	167	1,394	243	751	219	125	39
1936	280	48	222	50	1,023	153	1,614	265	632	178	627	157
1937	301	52	197	68	958	149	1,530	290	48	9	42	13
1938	232	39	268	63	1,027	167	1,458	256	1	0	24	7
1939	117	20	337	96	1,332	213	1,513	302	453	155	5	2
1940	84	14	183	54	1,895	280	2,060	410	467	126	537	91
1941	82	18	136	36	2,647	307	1,990	383	129	48	1,150	303
1942	123	26	179	37	3,440	386	1,803	282	545	166	324	92

死者数を示す(1924-42年)。全朝鮮の数字と比較すると,朝鮮北部では赤痢患者が少なかった。

　痘瘡は朝鮮半島では古来,四季・地域をとわず発生し,ときに大流行した。その防止のために李朝政府は1895年に種痘規則を発布し,国家政策として種痘をはじめた。併合後は総督府がその普及に力を尽くしたが,それは容易な作業ではなかった。日本でも明治期にそうであったように,一般住民は種痘の意義を理解しえなかった。日本統治への反感から,種痘を,日本人が朝鮮人を毒殺する手段と考える者もすくなくなかった。この状況下,1919年春に発生した痘瘡は,2千名にのぼる患者を出した。翌年には,患者11,500名,死者3,600名にたっした。この背景にはとくに,3・1運動の影響によって,種痘の施行が停滞したという事情があった。

　総督府は1923年に新たに「朝鮮種痘令」を公布し,種痘の義務化をはかった。これは,小児種痘を3期制(数え1歳,6歳,11歳時に接種,各期2回ずつ)とする一方,未種痘の成年者にも種痘を施すことを定めた。当時,日本では種痘は,2期(1歳,10歳時),未成年者のみとなっていたから,この点で朝鮮の種痘制度はいっそう厳格であった。総督府はまた間島地方(朝鮮に隣接する満洲の一地方,現在の中国延辺地区)でも種痘普及に努め,公共機関に無料で痘苗(牛痘苗-痘瘡ワクチン)を配布した。種痘業務は地方官庁(府邑)と警察が担当した。種痘を施す者は「種痘施術生」(1923年以前は「種痘認許員」)で,経験のある朝鮮人がその資格をえた。1942年,朝鮮人種痘施術生は,全朝鮮で1,942名,朝鮮北部で393名(西鮮286,北鮮107)を数

えた。痘苗は，釜山に設置した総督府獣疫血清製造所で製造した。その技術は日本で明治期に顕著に進歩し，欧米にも痘苗を輸出するほどになっていた。朝鮮牛は，結核がすくないこと，廉価であることから痘苗製造に適し，多数もちいられた（1922年，北里研究所は南鮮の大邱に痘苗製造用の作業室と牛舎を設けた）。

　総督府の防疫政策の結果，朝鮮の新規の種痘者は年々増大し，1930年代には数百万人にのぼった（表5-3）。1931年，朝鮮人の要種痘者にたいする種痘者の比率は，第1期90％，第2期92％，第3期93％，特別期94％にたっした（各期2回の平均値）（朝鮮総督府警務局衛生課 1932：2）。それにもかかわらず，痘瘡は絶滅しなかった。比較的大きな流行は1930年代前半と1940-42年に起った。これらの流行はいずれも満洲ではじまったと考えられ，北鮮から全朝鮮に至った。患者のおおくは2歳以下の未種痘乳幼児であったが，種痘後10年以上を経過した30歳以上の者の発病もすくなくなかった。患者の出た都市や村では，住民が恐慌状態におちいるのがつねであった。このため総督府は，患者の住居周辺の消毒，成人への強制的な臨時種痘の実施など，そのつど特別な処置をとった。

2．戦　後

　日本帝国の崩壊直後，北朝鮮在住日本人の間で発疹チフス，パラチフス，再帰熱，マラリア，麻疹が流行し，多数の死者が出た。かれらの多くはソ連軍によって家を追われ，きわめて劣悪な衛生環境と栄養不足に直面していた。犠牲

第5章 防　疫

表5-3　新規種痘者数, 1933-42年

A. 全朝鮮　(千人, %)

	第1期	第2期	第3期	特別期	その他	総計
1933	819 (91)	669 (77)	584 (69)	355 (63)	3,471 (42)	5,897
1934	816 (91)	665 (76)	522 (68)	218 (72)	331 (48)	2,551
1935	875 (91)	716 (75)	571 (67)	199 (65)	1,294 (39)	3,654
1936	850 (92)	702 (77)	596 (68)	300 (64)	1,023 (32)	3,471
1937	863 (92)	739 (78)	568 (68)	292 (71)	359 (19)	2,821
1938	871 (93)	766 (78)	603 (69)	219 (72)	470 (13)	2,928
1939	894 (92)	770 (79)	635 (69)	310 (58)	748 (15)	3,357
1940	839 (90)	742 (77)	638 (67)	626 (53)	10,937 (42)	13,781
1941	846 (92)	790 (81)	662 (69)	434 (61)	4,397 (43)	7,130
1942	896 (92)	734 (80)	622 (72)	331 (74)	2,011 (39)	4,592

B. 朝鮮北部, 1942年　(千人)

		第1期	第2期	第3期	特別期	その他	総計
北鮮	咸鏡南道	67	63	51	65	15	263
	咸鏡北道	30	28	25	6	510	599
西鮮	黄海道	70	73	58	22	40	265
	平安南道	59	49	49	7	－	164
	平安北道	84	58	43	5	199	390

注）朝鮮人と日本人の合計。公種痘と私種痘双方を含む。A. で（ ）内の数値は善感率（％）—各期の種痘を受けた者全体に占める善感者（免疫効果があった者）の比率（初種痘後、免疫が持続していれば再種痘の結果は不善感となる）。

者数は正確にはわからないが、万単位に達した可能性がたかい。朝鮮人の間にも、伝染病の流行が及んだ。1946年7月の米軍の報告によると、北鮮の咸鏡南道で発疹チフス、

表5-4　予防注射接種件数, 北朝鮮政府統計, 1946-48年

	1946	1947	1948上半期
猩紅熱	−	100	115.1
コレラ	100	79.5	92.2
種痘	100	237.4	207.5
狂犬病	100	1,706.8	2,408.11

注) 基準年を100とする指数。原資料は, 猩紅熱, 種痘をそれぞれ紅猩, 痘苗と表記している。

腸チフス, 西鮮の平安南道でコレラ, 赤痢, マラリアが発生していた。北朝鮮政府の刊行物は, 猩紅熱, コレラ, 痘瘡, 狂犬病の予防接種の統計 (1946-48年) を記す (表5-4)。その数値の信頼性はともかく, こうした統計から, 上記の伝染病の流行があきらかである。

朝鮮戦争時には急性伝染病の被害がさらにひろがった。北朝鮮政府はこれについて, 米軍が細菌兵器を使用 (ペスト菌, チフス菌, 炭疽菌などで汚染された動植物を散布) したと主張した。J. Needham など, 世界的に著名な科学者は「朝鮮半島における細菌戦調査国際科学委員会」を結成して現地調査をおこない, この主張をみとめた。米国は, これにつよく反論した。Needham は中国科学史研究の権威であったが, マルクス主義者を自認かつ公言していた。上記委員会の結成には, 国際共産主義運動を推進する世界平和評議会が関与しており, 結論ははじめから決まっていた。現在, 北朝鮮の主張は中国, ソ連, 北朝鮮合作のプロパガンダであったと考えられている (Tucker 2002: 77-78; 和田 2002: 363)。

北朝鮮政府は停戦後, 1953年8月3日に内閣決定第138

号「緊急衛生防疫対策を組織実施することについて」,1954年4月13日に内閣指示第40号「当面する衛生防疫事業を改善強化することについて」を布告した（社会科学院歴史研究所 1981：340-41）。これは，伝染病対策が政府にとっていかに緊急の課題であったかを示す。流行がみられたのは，痘瘡，赤痢，腸チフス，発疹チフス，日本脳炎，狂犬病，マラリア，肺ジストマであった。金日成は1958年の演説で，ジストマ撲滅の重要性を強調していた。政府は検疫所の復旧とともに，予防接種の実施に努めた。そのために保健省に微生物研究所を設置し，鶏卵痘苗や，狂犬病・発疹チフス・日本脳炎などのワクチンを製造した。しかし北朝鮮政府が認めるように，ここで大きな役割をはたしたのは外国援助であった。ソ連，中国，東欧諸国は医薬品の供給，製薬技術者の派遣をつうじて，北朝鮮の防疫事業を支えた。詳細は不明であるが，日本からも相当量の薬品が送られた。こうした措置にもかかわらず，その後も伝染病の流行は絶えなかった。たとえば，近年の脱北者（平安北道出身）の証言によれば，（かれが生まれた）1960年代には麻疹が流行すると，なすすべがなかった，村には予防薬もなく，全戸が葬家となったと述べている（チャン 2002：16-17）。肝炎の流行もひんぱんであった（張 2002：157）。

　痘瘡は1979年に世界から根絶されたことで知られる。日本では終戦直後，外地から多数の感染者が引揚げてきたことから，痘瘡患者が急増し，1946年には1.8万名にたっした。GHQ は北里研究所，化学及血清療法研究所（熊本所在）などに痘苗の大量生産を指示し，臨時種痘を実施した。その後，種痘の徹底により1955年を最後に，痘瘡患者は日

本から姿を消した。中国では、国共内戦が再発した1946－47年には4万人、1950－51年には10万人以上の痘瘡患者が報告された (Fenner *et al.* 1988 : 36)。共産党政権は1949－52年、55－58年、60年、全国で大規模な種痘実施運動を展開した。これはソ連の技術援助およびハンガリーとチェコからの人員派遣に多くを負っていた。こうした措置により、旧満洲の吉林省、遼寧省では1955年以降、患者が絶えた。全国では雲南省、内モンゴル、チベットを最後に1960年代に痘瘡が根絶された。WHOは中国に調査団を送って実地調査をおこない、1979年に中国の痘瘡根絶を公式に認めた (同 : 1134)。南朝鮮では、1946年に2万名以上の痘瘡患者が出た (同 : 336, 344)。朝鮮戦争は痘瘡のいっそうの流行を招き、1951年、韓国の同患者総数は4.3万名を超えた。停戦後、広範な種痘の実施により事態は大きく改善した。上記の日本の研究所は韓国に痘苗を大量に輸出した。その結果、韓国では1954年から痘瘡流行がみられなくなり、1961年に根絶された。

　WHOの刊行物は、北朝鮮では1946年に痘瘡の流行が終焉したと記している (同 : 338)。しかしこれは、本章の観察に照らして明白な誤りである。それではいつ終焉したのであろうか。これはじつは、未確認である。WHOは1979年までに北朝鮮政府から終焉報告を受けただけで、実地調査をおこなっていない (同 : 1138)。北朝鮮が製造したという鶏卵痘苗の免疫力は、普通痘苗よりかなり劣った。輸入痘瘡ワクチンが量的に十分であったかどうかも定かではない。疑問は未解決である[1]。

注

1） 2001年，北朝鮮訪問の帰途ソウルで，WHO事務局長が北朝鮮での痘瘡発生の疑いを伝えた（『朝鮮日報』インターネットサイト，NK Chosun, 2001年12月3日）。軍事専門家のあいだでは，北朝鮮の生物兵器用天然痘ウイルス保有は共通認識となっている。これはその漏出による可能性もある。

お わ り に

　本書では，日本帝国の韓国併合を韓国・朝鮮の近代化の始点とした。この見方に，一般の韓国・朝鮮人はつよく反発する。日本の歴史研究者の多くも同じ反応を示すであろう。しかしこれは，日本の統治を肯定するといった価値判断とは無関係である。大韓帝国期（1897-1910）に，近代化の動きはあった。政治，経済，軍事，教育，衛生などさまざまな分野で改革の試みがなされた。問題はそれが微弱だったことである。日本の明治維新のような大きな改革は同帝国では実現しなかった。その理由はここでは問わない。結果的に，近代化にむけて大胆な歩みを始めるまえに国家が日本の統治下におかれた——筆者の念頭にあるのはこの歴史的事実であり，それ以上ではない。

　近代国家のひとつの証は，統計の整備である。日本で統計の必要性を認識され，先覚者が「統計学社」を設立したのは明治初期，1876年であった。その前後から政府が諸種の統計作成を積極的にすすめ，それが明治期の国家形成に貢献した。1905年，日本は大韓帝国を保護国化し，翌06年，漢城（ソウル）に統監府を開設した。同府は1年後，『第一次統監府統計年報』を刊行した。それは部厚いものではないが，各分野—土地，戸口，教育，銀行・金融，産業，貿易，通信，財政など—の統計を網羅する。このような体

おわりに

系立った統計書は、江戸期にそうであったように、大韓帝国期には存在しない。この一点からも大韓帝国が近代国家に脱皮していなかったことは否定しえない。

当時、朝鮮全体を見渡して、工場らしい工場はほとんどなかった。併合後、総督府が刊行した『朝鮮総督府統計年報』は『統監府統計年報』よりはるかに大部となった。『明治四十四年度 同年報』に詳細な工場統計がある（228－29頁）。それによると、原動力を備える工場は全朝鮮で252か所、うち零細な精米工場が75か所で最多であった。全工場の原動力総馬力数はわずか6千余で、その6割がガス・電気業の9工場に集中していた。要するに、近代工業はまったく未発達だったのである。

日本帝国はこの朝鮮に近代的な要素を導入した。それは政治・社会・経済の広い分野におよんだ：行政制度の改革、産業インフラの整備、工場の建設、鉱山の開発、都市の整備・拡充等々。その結果、1940年までに朝鮮は大きく変貌した。各地に林立する大工場や成長した都市は、30年前には想像できない近代朝鮮の姿であった。1912－39年、朝鮮の実質GDPは年平均3.7％－当時の世界平均をはるかに上回る高さ－で成長した（金洛年編 2008：315, 339）。並行して、GDPに占める農林漁業の割合がおよそ70％から40％に低下し、同製造業、サービス業の割合がそれぞれ4％から16％、26％から31％に高まった（同：386）。これらは朝鮮の近代経済成長（Modern Economic Growth）を示す指標である。

南北に大別すると、鉱工業の高成長地域は北部であった。とりわけ北鮮の成長は著しかった。北鮮は伝統的な「牛経

済」から，巨大な発電能力と一大化学コンビナートを擁する地域へと変わったのである。北部では農業の成長率も高かった——朴の推計によれば，1912-40年，農業生産の年平均成長率は北部（現DPRK領域）2.4％，南部（現韓国領域）1.4％であった（朴ソプ 2001：53）。サービス生産の南北別推計は困難であるが，農・鉱工業および人口の成長率が高かったことから，その成長率もまた北部のほうが高かったと推定できよう。すくなくとも，それが南部より大きく劣ったとは考えがたい。そうだとすれば日本統治期，朝鮮北部は年3.7％（上記，朝鮮全体のGDP成長率）を超える高い率で成長したことになる（最近の試算では，1911-40年間の年平均成長率は北部5.1％，南部3.4％）[1]。

経済成長は，日本からの近代的要素の導入だけで実現したわけではない。朝鮮人のあいだでは，教育の普及，防疫の進歩，経験の蓄積等をつうじて労働力の質が向上した。多数の朝鮮人企業－大部分は中小規模にとどまったが－も出現した。こうして朝鮮人は，単純労働力を提供する以上に，経済成長に貢献した。

日本統治下，朝鮮人の生活水準が長期的に低下したとの説には根拠がない。とはいえ，目にみえて向上したという事実もない。高いとはいっても，年平均数パーセントの経済成長率では，それが20-30年継続したとしても，顕著な生活向上が社会の底辺に広くおよぶことは望めない。第1章でみたように，北部では初期，恒常的な米食すらできなかった。貧困が普遍的だったのである。これを数十年で撲滅することは，当時の所与の諸条件下では実際上，不可能であった。

おわりに

　戦後,朝鮮は再度,大きな政治変革を経験した。南北分断を考慮すれば,その大きさは36年前の日本帝国による併合以上であったといえよう。北部ではソ連占領軍が土地改革,主要企業国有化,貨幣改革をおこない,朝鮮戦争後は金日成政権が農業集団化をすすめた。その過程で北朝鮮経済がどのようなパフォーマンスを示したか,詳細は不明である。本書で検証したように,北朝鮮政府の生産統計は信頼しがたい。それゆえ政府統計に依拠した従来の北朝鮮経済分析は根本から再検討を要する。政府自身,正確な統計をもっていなかった——これはほぼ確実である。現段階では戦後北朝鮮経済の実情は,断片的な情報から探る以外にない。概括すれば,本書であつかった期間,その実績は劣悪であった。非効率・低生産性が生産現場を支配した。経済をささえたのは日本帝国の遺産と社会主義諸国からの援助であった。政権は貴重な資源を優先的に軍事に投入した。一般住民が生活困窮から脱しえなかったのはむしろ当然である。

　近代経済成長の主因は,物的・人的資本の蓄積と技術進歩である。50年代後半に北朝鮮で進展したのは,戦争で破壊された資本の修復以上ではなかった。技術進歩はほぼ兵器関連分野に限られた(もっぱらソ連の支援に負った)。

　以上の傾向は60年以降つよまった。すなわち,いっそうの軍事優先,民生分野での物的・人的資本の減耗と技術の退化が進行した[2]。こうして北朝鮮の経済は破綻への道を歩んだ。それは,北朝鮮が70年代なかばに日本・西欧諸国にたいしてデフォルト(国家債務不履行)に陥ったことにより,国際社会に明白に示されたのである。

注

1）同じ試算では，併合当初，南北の経済格差はほとんどなかったが，北部がより高率で成長したことから，30年代末には1人当りGDPは北部が南部を約40％上回った（金洛年編 2012：518）。

2）技術退化の一例は煉炭製造である。戦前，平壌産の無煙炭から大量の煉炭が製造された。この無煙炭は粉炭であったので，それを固め，かつ燃えやすくする必要があった。製造業者は工夫をかさねて諸問題を解決した。脱北者の証言から推察すると，そのノウハウは戦後北朝鮮では継承されていない。第3章で言及したソ連から導入した民生技術も，十分に修得・活用された形跡がみられない。輸送機械，鉱山機械，播種機，羊毛刈取機など，民生品の国内生産はほとんど進展しなかった。

補章　朝鮮史研究会と『朝鮮の歴史』

　朝鮮史研究会は1959年に東京で発足した。以来，研究発表会（例会，年次総会）の開催，『朝鮮史研究会論文集』（年刊）・『朝鮮史研究会会報』の刊行を軸に活発に活動を展開してきた。分野は古代から現代まで，社会，経済，政治，文化をひろくカバーしている。同会は研究会と称するが，2015年現在，会員，数百名（大部分は日本人）を擁する正規の学会である（日本学術会議協力学術研究団体の指定をうけ，日本政府の補助金も得てきた）。本章ではまずこの会の性格について述べる。ついで，同会が編集した朝鮮史のテキスト，『朝鮮の歴史』(1974年)，同（新版，1995年）について論評する。

1．朝鮮史研究会の性格

　朝鮮史研究会（以下，研究会）の特徴は顕著な政治性にある[1]。2009年に同会会長が記したつぎの回顧文がこれを端的に示す：「研究会は，在日朝鮮人の人権問題やいわゆる歴史教科書問題など，朝鮮や朝鮮史研究をめぐる問題が生じた時，声明や行動によって日本社会に訴えてきました」（『朝鮮史研究会会報』復刻版，第1巻：2）[2]。創立初期，1962年の会員名簿によると，会員総数は約50名で，その約

半数を在日朝鮮人が占めた（同：33-34）。在日朝鮮人会員のうち，4名が朝鮮総聯（以下，総聯）傘下の朝鮮大学校・朝鮮高級学校に属し，他の多くも総聯の活動家や総聯に近い人々であった。日本人会員のなかには，山辺健太郎がいた。山辺は戦前，共産主義運動にかかわったことから治安維持法違反で検挙され，獄中で敗戦を迎えた人物である[3]。こうした会員の構成は，研究会の政治姿勢が北朝鮮や日本共産党寄り－左派的であったことを示唆する。じっさい，『会報』第2号（1962年2月）の「学界動向」では，当時の左派の通例として，韓国のことを南朝鮮と記していた（同：23）。1966年，総聯系の主要会員は突然，会の運営から手を引いた（宮田 2010：16-17）。それは総聯の指示によるもので，その裏には北朝鮮本国の方針変更があったとみられる。研究会には非政治的な会員もおり，会のあり方にはさまざまな意見があった。にもかかわらず，会の左派的性格はその後も変わらなかった。

研究会は例年，年次総会で「活動の総括と方針」を採択している。1978年10月の総会で採択・決定された1979年度のそれは冒頭，以下のように述べた（『朝鮮史研究会会報』復刻版，第2巻：516）：

　　主権在民の原則に反し天皇の地位強化をはかる元号法制化など，一連の反動的な動きが強められる中で，朝鮮半島の有事をも想定し基本的人権をおびやかす恐れの強い有事立法化がはかられている。一方，朴政権による人権と民主主義への抑圧が継続している状況のもとで，日本政府は朴政権への加担とゆ着を強め，朝鮮

1. 朝鮮史研究会の性格

民主主義人民共和国にたいしては非友好的政策をとり続けている。このような中で,われわれは日本と朝鮮の正常な関係の樹立に向けて努力し,南北朝鮮人民との友好を強め,朝鮮民族の民族的諸権利の確立・朝鮮の自主的平和統一にいっそう連帯協力していかねばならない。

これは学術団体というより政治団体の文書を彷彿させる。ここには韓国という国名が登場しない一方,北朝鮮には正式な国名を用いている。また日本の自民党政権と韓国の朴正煕政権を非難するが,北朝鮮の金日成政権の問題点にはまったくふれていない。非対称性・偏りが顕著である。

1980年には,韓国で起った光州事件をめぐって,研究会は次の声明を発表した(同,第3巻:9):

　　昨年秋以来,韓国では民主主義の確立と南北朝鮮の平和的統一に向けて民主化の気運が大きな盛り上がりを示した。ところがこの5月17日,韓国全土に非常戒厳令が拡大されるにおよんで,こうした民衆の願いを踏みにじる動きが日増しにその勢いを強めている。5月末の光州民衆にたいする武力弾圧は,私たちにも鋭い衝撃を与えるものであった。〔中略〕私たちは韓国政府に対し,金大中氏らにたいする不当な裁判をはじめとするあらゆる弾圧,抑圧を即刻中止し,自由と民主主義を回復するよう強く要求する。また,私たちは,このような弾圧,抑圧を暗に認めている日本政府に対

して，厳しくその姿勢の反省を促すとともに，人権を守る立場から韓国政府に対し明確な批判の意志を表明することを求めるものである。

　　　　　　　　1980年9月1日　朝鮮史研究会

　ここでも，韓国にたいして民主主義・人権の尊重を要求する反面，北朝鮮と総聯の非民主・独裁制にたいしては何ら言及していない。

　2002年9月，金正日は，訪朝した小泉首相（当時）にたいして日本人拉致が北朝鮮工作員の犯行であることを認めた。これは日朝関係上の重大な出来事であったが，研究会は何ら反応を示さなかった[4]。2010年，日本政府は高校授業料の無償化を法制化した。このとき研究会はただちに声明を発表し，朝鮮学校を授業料無償化の対象にふくめるよう求めた（幹事会声明，『会報』第180号，2010年9月：23-24）。研究会はこのように近年でも，北朝鮮・総聯よりの姿勢をとり続けている。

2．『朝鮮の歴史』(1974年)

　1974年，研究会は『朝鮮の歴史』（全330頁）を刊行した。当時わが国には，古代から現代にいたる朝鮮の通史を記す書物がなかった。このことから，研究会はこの書物の刊行を計画した。それはとくに学生や小中高の教員向けのテキストを意図し，各分野を専門とする会員多数が執筆にあたった。以下では近代――とくに日本統治期――と現代に限定して内容を検討する。近現代部分の目次は以下のとお

りである：

　　第6章　民衆の成長とブルジョア革命運動の胎動（近代Ⅰ）
　　　1　歴史を動かす農民　　2　開国と朝鮮民衆
　　　3　甲午農民反乱とその圧殺
　　第7章　ブルジョア民族運動の展開（近代Ⅱ）
　　　1　義兵闘争と啓蒙運動　　2　日本の植民地支配
　　　3　三・一独立運動
　　第8章　民族解放闘争の発展（近代Ⅲ）
　　　1　民族運動の新しい波　　2　独立運動の発展
　　　3　解放の日をめざす朝鮮人民の闘争
　　第9章　朝鮮統一への道（現代）
　　　1　解放と強いられた分断　　2　朝鮮戦争
　　　3　朝鮮戦争後の南北朝鮮　　4　日韓条約と在日朝鮮
　　　人　　5　朝鮮統一への道

　一見して，左派的な人民・階級史観が色濃い。ブルジョア革命運動，歴史を動かす農民，民族解放闘争，人民の闘争といったタイトルから，マルクス・レーニン主義の影響が明瞭である。
　各章の叙述は，上記史観にもとづく善悪二元論に立つ。悪は封建国家・資本主義国家，善は人民・社会主義（国家）である。各国間の関係では，19世紀末から20世紀前半，日本が侵略者＝絶対悪，朝鮮が被侵略者＝絶対善である。日本は清国にたいしても悪とされる。第6章には1894年の農民反乱に関連してつぎのように書かれている：「李朝政府は……清軍の出兵を要請する手段に訴えた。清軍が朝鮮

に到着すると同時に，朝鮮侵略の機会をうかがっていた日本軍国主義は，清軍を上回る大兵団を投入し，日清戦争を挑発して，朝鮮植民地化の野望を露骨に現実化してきた」(177頁)。ここにみえるのは反日イデオロギー・情緒的日本断罪論で，実証的な歴史学ではない。

日本の朝鮮統治にかんする歴史的諸事実は，左派・反日史観から選択，解釈される。データの表示・説明は一面的であるばかりか，誤りも含む。1910－18年間，総督府は膨大な資金と人材を投じて土地調査を実施した。これは全朝鮮の土地を測量し，地価と所有者を確定するものであった。このような作業は，私有財産制のもとで近代化をすすめようとすれば，どの国，どの政府であってもなさねばならない。しかしこの書物はそうした側面を無視し，これをただ，地主の土地所有権を確立し，植民地統治の財源を確保するためにおこなったように記述している。さらに，この過程で日本人が朝鮮人からつぎつぎに土地を奪ったとして，つぎのように述べる：「[土地調査事業]の結果……1918年には，全耕地の半分以上が全農家戸数の3％余りの地主に所有され，全農民の8割近くがなんらかの形でそれら地主の土地を小作するという状態になる……とりわけ，日本人地主や土地会社の所有地が増加する。1909年には日本人土地所有者数692人，所有面積52,436町歩であったものが，1915年には所有者数6,969人，面積205,538町歩となる」(204－05頁)。総督府の統計（『昭和八年　農業統計表』）では，1918年の耕地総面積は434.2万町歩，うち小作地が218.9万町歩であったから，小作地は50.4％を占めた。同年，全農家戸数は265.2万戸，自作農は52.3万戸，自小作農・小作農は

2.『朝鮮の歴史』(1974年)

合計204.8万戸（全体の77.2％）であった。したがって全耕地の半分以上が小作地，全農民の8割近くが自小作農・小作農という上の記述は正しい。しかしもともと朝鮮では自作農が少なく，その数は1913年（データが得られる最初の年），58.7万戸（全農家の22.8％）にすぎなかった。巨視的データからは，土地調査事業で多数の自作農が土地を奪われたとはいえない。日本人が大量の土地を奪ったかのような叙述は，いっそう不正確である。1915年の統計では，朝鮮の全耕地面積は約320万町歩であった。これはおそらく実数を過少評価しているが，これをもとにしても，上記の日本人所有面積，20万余町歩は全体の6％にすぎなかった。くわえて，1911年発行の『明治四十二年　総督府統計年報』(509頁)は日本人農事経営者（耕地所有者）692人の投資額(790.5万円)を記す(1909年6月現在)。その大半を土地代金と考えると，日本人は土地を奪ったのではなく，購入したことになる[5]。

　この書物は，日本統治期に朝鮮人の生活状態が悪化したことを強調する。その証左としてあげるのが，1人当り米の消費量（（生産量マイナス輸移出量）／人口数）の大幅な減少である。しかしこの書物が示すデータは正しくない。それは1938年に刊行された菱本長次『朝鮮米の研究』からの引用である。これによれば，朝鮮の1人当り年間米消費量は，1915-19年平均，0.707石であったが，1930-36年にはその6割，0.426石に激減した(227頁)。これは菱本以前，1935年に東畑・大川が指摘した現象である：1915-19年，0.7071石から1930-33年，0.4486石（東畑・大川　1935：379）。ところが東畑・大川は1939年の追補版で，データに

問題があったとして1930-33年の値を0.6203石に修正し,さらに1934-36年の値を0.5839石と算定した(東畑・大川 1939:428-29)[6]。すなわち,激減はなかった,ただし減少の事実は変わらないとの結論を下したのである。『朝鮮の歴史』は,戦前すでに発表されていたこの研究結果を無視している。付言すると,上記の1915-19年の1人当り米消費量は,人口数の過少評価のため,過大になっている。この点を考慮すると,じっさいの減少率はさらに小さくなる[7]。

　他の記述でも統治政策はすべて批判の対象である。そうではない事柄はいっさい書かれていない。たとえば,この書物は総督府による過酷な税金徴収を非難するが,じつは朝鮮人の担税能力は低く,総督府は十分な税収をあげることができなかった。そのため中央政府が毎年,多額の「補充金」を総督府財政に繰り入れた。それでも財源が不足したので,総督府は公債を発行し,日本内地から財政資金を調達した。公債はいわゆる事業公債で,主として鉄道・港湾などのインフラ整備に使われた(水田 1974:15-23, 150-56)[8]。この書物にはこうした事実の記載はない。前章で述べた防疫の進歩への言及も欠く。

　政治面では,この書物は朝鮮人の解放闘争とくに左派のそれを詳述する:「1934年3月には,各地に分散していたパルチザンを結合して朝鮮人民革命軍が編成され」,「1936年,常設的な反日統一戦線である祖国光復会が結成され,金日成はその会長に推された」,「1937年……金日成自ら人民革命軍の主力を率いて鴨緑江をわたり……甲山郡の普天堡を攻撃した」,「金日成の率いる朝鮮人民革命軍は1940年

2.『朝鮮の歴史』(1974年)

には……『満州』・朝鮮の各地に深く浸透した」(244-46, 257頁)。以上は北朝鮮政府・労働党の宣伝をそのまま,事実として引き写したものである。

戦後にかんしては,反米・韓,親北朝鮮の姿勢が顕著である。南北双方の建国以前の記述では,米国が自らの世界戦略にもとづいて南北分割を図り,南の経済を掌握,民衆の生活を圧迫したとする一方,北はソ連によって解放され,金日成のイニシアチブのもとで朝鮮人民自身による民主改革が着々とすすんだとする (264-65頁)。建国については,「李承晩政府が,民衆の意思を圧殺して成立した政権であったのに対し,共和国政府は,南朝鮮では地下選挙ではあったが,全朝鮮民衆の参加した選挙によって樹立されたといってもよい」(272頁)。朝鮮戦争は,「アメリカ帝国主義による朝鮮侵略戦争であり……朝鮮人民および共和国政府の立場からすれば,アメリカ帝国主義の侵略から祖国の自由と独立を守りぬくための民族解放戦争である……中華人民共和国と中国人民の立場からすれば,自国の革命を擁護し……朝鮮人民を支持・激励するという『抗米援朝』の国家防衛戦争の性格をもつものでもあった」(274-75頁)。この書物の刊行当時,朝鮮戦争がどちらの攻撃によって始まったのか,両論があった。ここではそうした論争を紹介せず,完全に北側に立った叙述をしている。朝鮮戦争後の記述も同様である。韓国では60年代後半に高度成長が始まっていたがそれにはふれず,貧困,政治的混乱を強調する (279-80頁)。北朝鮮については,政権内の対立や経済建設の遅れに言及しながら,全体的には社会主義国家として発展していることを政府・労働党の宣伝どおりに述べて

いる (282-85頁)。

3.『朝鮮の歴史　新版』(1995年)

　研究会は1995年,『朝鮮の歴史　新版』(以下,新版)を刊行した。これは1974年版(以下,旧版)の刊行以降の時代変化と朝鮮史研究の進展をうけたものであった。旧版と同じく古代史から現代史を対象とし,各領域の専門研究者が執筆した(全員,旧版の執筆者と異なる)。近現代史の各章・節は以下のとおりである(これらは合計168頁で,旧版の154頁よりやや多い)。

　　第6章　対外的危機と近代への模索
　　　1　攘夷と開化　　2　民族運動の胎動
　　　3　植民地化と国権回復運動
　　第7章　植民地支配と民族運動
　　　1　武断政治と三・一独立運動　　2　「文化政治」と
　　民族運動の展開　　3　戦時体制下の朝鮮
　　第8章　民族分断と朝鮮戦争
　　　1　解放と占領　　2　集権体制と民主化運動
　　　3　現代世界と朝鮮

　ここには,旧版のようなマルクス・レーニン主義のつよい影響はみられない。しかし内容は,やはり左派的な人民史観の色が濃い。王朝にたいする農民一揆・反乱についてくわしく述べ,「民衆」を時代の変革の主体に位置づける姿勢がこれを示す(227, 238-39頁)。社会主義思想や共産

党活動の叙述も多い。「20年代には……明確な帝国主義批判の論理を持った社会主義思想が浸透してゆくのである」(270頁),「社会主義者の指導を受けて戦闘的な赤色労働・農民運動が盛んになっていった……〔赤色〕農民組合が青年部や労働部・婦人部を設け,植民地支配全般に挑戦する闘争を行った」(282頁),「〔1925年に組織された朝鮮〕共産党の歩みは多難であった……官憲の執拗で過酷な弾圧により多くの幹部が検挙されて,党組織が破壊された」(284頁),「『満州国』が建設されると中国人の反満抗日運動が組織されたが,朝鮮人もこれに積極的に参加し,とくに赤色遊撃隊の中核となっていった」(297頁)。こうした描写には,左派の運動にたいするつよい共感があらわれている。

徹底した反日史観も旧版と共通する。日本の統治を表現するのは,収奪,強制,(農民の)没落といった言葉である。旧版と同様,朝鮮人1人当り米消費量が1912-32年に0.8石から0.4石に半減したという誤ったデータも記されている (276頁)[9]。

新版には旧版にはなかったあらたな視点もある。たとえば,「1920年代には映画・ラジオなど新しいマス・メディアが持ち込まれ……またソウルには……高層の近代建築が建てられた……こうして,植民地支配下でも社会のさまざまな分野で近代的な文物が増えていった。もちろん,その多くは日本の手で持ち込まれたもので,必ずしも朝鮮人の文化や生活を豊かにするとは限らなかった。また,都市人口の増加は,同時に都市貧民の増大を意味するものであった。このように,『近代化』は多くの問題点を含んでいたが,しかしそれが朝鮮人の生活を徐々に変化させていった

のも確かである」(273-34頁)。ここでは近代化の事実を認めている。しかしそれをどのように評価するか，不明瞭である。相反する見方が綴られ，読者を困惑させる。

新版は旧版のいくつかの個所を修正・削除している。ひとつは，1910年制定の会社令についてである。同令は朝鮮における会社設立を総督の許可制とするものであった。旧版では，それは「朝鮮における民族資本の形成・発展を抑制……することを意図した」と述べた (206頁)。新版ではこれを「会社令がことさら朝鮮人資本だけを抑圧したという確証はない」と改めている (264頁)。これは旧版のもとになった研究に誤りがあったためである (小林 1990：268；同編 1994：12；堀 1998)。より重要な修正は，金日成の反日パルチザン活動についてである。新版は旧版と異なり，金日成が「朝鮮人民革命軍を率いた」，「祖国光復会の会長に推された」とは書かない。それは明白な歴史偽造であった。新版はこれを認識し，戦前の金日成にかんする記述をおおはばに削っている (298頁)。

戦後については，朝鮮戦争の記述が旧版と大きく相違している。一言でいえば新版は，それが南ではなく北による攻撃で始まったと認めた。しかしそこに，北にたいする非難はみえない。慎重に言葉をえらび，むしろ北の側に立った書き方をしている：「中国内戦における共産党軍の圧勝とアメリカの不介入表明は，朝鮮民主主義人民共和国政府を大いに勇気づけた……軍事的優勢を確信した共和国政府は『南部解放』を決断した……共和国の指導者たちは一気に南下すれば民衆蜂起が韓国各地で起こり，統一は早期に達成できると考えていた……1950年6月25日午前四時，人

民軍各師団は三八度線を越え大挙して南下を開始した」(321-22頁)。「勇気づける」は通常,善をなすばあいに使う表現であろうし,「南下」は攻撃,侵攻あるいは侵略がふさわしい。朝鮮戦争は南北双方に甚大な被害を与えた。新版はこの点について数字をあげて述べるが,国連軍(主として米軍)の加害を強調する(329頁)。同軍は細菌兵器さえ使用したとも書く。これは当初から北側の政治宣伝と疑われ,論争の的となっていた。新版はそれにはふれない。前章で述べたように,現在ひろく受け入れられているのはプロパガンダ説である。

　新版は北の国家を共和国と略している。これは新版の立場が旧版と変わらないことを端的に示す。わが国では北朝鮮と呼ぶのがふつうであり,「共和国」は総聯など北の関係者が常用する。

　旧版刊行から1990年ごろまでの大きな政治的事件に,ラングーン事件(1983年)と大韓航空機事件(1987年)があった。これらは北朝鮮の工作員の犯行であったが,新版はそれを明記しない。前者については,ビルマ政府がそのように断定したと述べたあと,同事件が北の「〔連邦国家〕構想と無関係ではなかった」といった意味不明な議論を展開している(363頁)。後者については,「大韓航空機が……共和国工作員により爆破されたというのである」(366頁)と世界のニュースを引用する形でふれるにすぎず,コメントを避けている。

　南北の国内政治にかんしては,南の軍事政権による政治的弾圧をくりかえし批判するが,北におけるそれ以上の弾圧・人権侵害には言及しない。経済面では,韓国の発展,

北朝鮮の遅れを認める。その要因として断片的に，日本からの借款や国際的な好条件（前者），中ソ対立の影響，軍事費負担，外貨不足，建造物・祭典のための過大支出（後者）をあげる。しかしこれらは副次的なものにすぎない。根本要因は経済体制の相違である。韓国は市場経済を維持し，とくに朴正熙政権の賢明なリーダーシップによって諸問題・困難を克服した。経済成長はその果実であった。これにたいし北朝鮮は社会主義体制に固執し，国家の指令によって経済を運営した。指令は場当たり的・無秩序で，正常な経済活動を阻害した。指導者－金日成・正日－の失政はあきらかであった。これは90年代には学界の共通認識となっていたが，この書物はまったく沈黙している。

　本文最終頁にはつぎの文章がある：「〔1990年に始まった日朝国交正常化〕交渉は，共和国側が過去の歴史的関係を見直して新しい関係を樹立することを提案したのに対して，日本側は大韓航空機事件の犯人の日本語教師をしていたとされる日本人女性の解放や共和国の核施設の査察などを交渉の前提条件にして譲ろうとせず，遅々として進まなかった。すべてこうしたことは，外圧によって共和国をチュチェ〔主体〕型社会主義路線から離脱させようというシナリオの中で進められている」(369頁)。日朝交渉の停滞を日本の責任とする一方，北朝鮮の体制が守られるべきものであるかのような表現は，同時代の日本社会の常識に照らして奇異である。まして，以後，現在までにあきらかになった諸事実を考慮すれば，この叙述がいかに的はずれであったか，読者は容易に判断できよう。

4. むすび

　新版の序文によれば，旧版は1974年以後1994年までに23刷をかさねた。同あとがきには，「旧版がこのように多くの読者を得て好評を博することができたのは，朝鮮史研究会に集う人びとが，学校教育の現場などからの熱い要請を受け，総力をあげて執筆した本格的な朝鮮の通史であるからだ，とひそかに自負している」(371頁) とある。初刷以来，総発行部数が何部にのぼったか部外者にはわからないが，1刷3千部とすると7万部になる。それが学校のテキストとして使われ，さらに全国の大学・公共図書館でくりかえし読まれたと想像すると，旧版は日本社会に相当ひろく浸透したといえよう。研究会が自負するのはもっともである。新版の発行部数も，現在までにおそらく数万にたっするであろう。

　しかし上述のように，旧版の近現代史部分には過誤があった。とくに，戦前の金日成の活動と朝鮮戦争の開戦をめぐる過誤は重大である。旧・新版とも，各執筆分担部分の責任は執筆者個人に属するが，全体としての最終的な責任は編集委員会すなわち研究会にあると記している。そうならば研究会は，旧版で読者に誤りを伝えたことについて責任を負わねばならない。問題はそれにとどまらない。通常，新版を刊行するばあい，旧版の誤りを明記し，必要ならば誤った理由について説明をくわえる。『朝鮮の歴史』はその作業をおこなっていない。これは読者にたいして誠実さを欠く。他の小さくない問題は，引用文献の省略であ

る。旧版のそれはごくわずか、新版では、ひとつの統計表をのぞき、皆無である（旧版は巻末に文献解題を載せるが、新版にはそれもない）。そのため読者は、個々の記述の根拠をみずから確認しえない。近現代史はとくに、今日の政治問題に結びつく論点を多くふくむだけに、読者に必要な情報を与えないのは不適切である。

研究会はわが国の朝鮮史研究者を網羅する。そのなかには、新資料の発掘、独自の分析など、後世にのこる業績をあげている人びともいる。研究会は学会として、そうした成果を生むうえで貴重な貢献をなしてきた。一方、研究会の姿勢が左派に傾き、この立場から『朝鮮の歴史』を編んだことは歴然としている。その結果、同書には著しいバイアスと大きな誤りが生じた。この書物によって、わが国で朝鮮近現代史にかんして間違った考えが広まったとすれば、それはまことに残念なことといわねばならない[10]。

注
1) わが国ではこの特徴は他の歴史関係学会にもみられる（歴史科学協議会、歴史学研究会など）。
2) 『朝鮮史研究会会報』（以下、『会報』）は1959年8月の第1号から1990年9月の第100号まで復刻されている（全3巻）。以下、復刻版各巻からの引用頁は同版の通し頁である。
3) 1947年、日本共産党統制委員に選出され、1958年まで同党本部に勤務した。のち党とのかかわりを絶ったが共産主義思想を堅持し、朝鮮史や共産主義運動の著述活動に従事した（遠山他編 1980：366）。
4) 研究会の一会員は2003年の同会総会で、研究会幹事会が拉致問題に対応しないことに不満を表明した。これにたいして同幹事会は、拉致問題は歴史研究とは距離があるといった答弁をおこなっ

4. むすび

た。上記会員は「拉致事件は歴史的事実である」との考えから，これに納得しなかった（『会報』第155号，2004：16）。その後，幹事会がこの問題にどう対応したか（しなかったか），筆者には知るところがない。

5） この書物の刊行以前に，朝鮮の日本人地主にかんする浅田の研究が発表されていた。そのなかで浅田は，明治末期から大正期の日本人大地主の土地取得は国有未墾地の払い下げと朝鮮人地主・自作農民からの収奪によるとし，とりわけ後者が主であったと述べた（浅田 1989（増補版）：89-90）。しかし浅田のいう収奪は，かれ自身の引用文献が明記するように，買収であった：「内地人の土地買収に付ては単に地主の朝鮮人より内地人に変換せらるるに止まるもの元より多かるへきも自作農民にして其所有を継続耕作することを条件として之を内地人に放売し自ら小作人となる者亦少なからす」（総督府殖産局『小作農民に関する調査』1928年）（同：92-93）。この買収が一般に，脅迫・強制による不当な安値で実行されたならば，収奪という表現も不適当ではないであろう。しかし浅田はこの点の検証をおこなっていない。

『朝鮮の歴史』は，土地調査事業と並行してすすめられた林野調査事業についても，これを総督府による林野収奪政策と決めつけているが，この主張には根拠がない（李大根 2015：213-15）。

6） これは，坪刈り法導入によって米生産量の統計値が変更されたことによる（本書，25頁）。具体的には，1936年の値が旧来値に比して25％上方修正された（東畑・大川は旧来値の出典を示していないが，それは『朝鮮農会報』第11巻第2号，1937年2月，109頁に見出される）。

7） 韓国人研究者グループの最近の研究では，1人当り米消費量は以下のとおりであった（単位：石）：1915-19年 0.589, 1930-33年 0.556, 1934-36年 0.511, 1936-40年 0.555（金洛年編 2008：570）。この研究では，1人当り米消費量，同穀物消費量は1910-40年間，減少傾向にあったが，イモ類，野菜類，肉・魚貝類などをくわえると，1人当りカロリー消費量はほとんど減少しなかった（同：222）。

8） 日本の中央政府と朝鮮総督府のあいだの財政移転の詳細は梅村・溝口編（1988：151-53, 254-55），総督府の歳入・歳出の

総合的分析は Kimura（1989）を参照。

9）　韓国の歴史教科書はこれを日本の悪政の象徴として紹介してきた。2006年の高校生用国定教科書にもこのデータが掲載されている（三橋訳 2006：195）。

10）　歴史書の出版でひろく知られる山川出版社は，世界各国史シリーズの1冊として『朝鮮史』を刊行している（初版，1985年；新版，2000年）。その執筆者に名を連ねているのは研究会のメンバーで，内容も『朝鮮の歴史』と大同小異である。

あ と が き

　だいぶ以前から，北朝鮮経済史の本を，小さいものでよいから書きたいと思っていた。それが何とか実現して安堵している。内容は豊かとはいえないが，今後の研究の出発点にはなるかもしれない。そうならば筆者として満足である。

　補章では長年，抱いてきた思いを書いた。異論，反論が出るかもしれないが，私はずいぶん前から当該研究会の会員なので（会費を納めてきた），率直な批判を述べても構わないであろう。若い研究者は，学会にたいして，意見があっても表明できるとはかぎらない。私は定年目前で，もう研究者として将来があるわけではないから，周囲を憚る必要もない。こうした者でなければ言えないこともある。これからの当該研究会の発展を願ってあえて記した。理解を賜れば幸いである。

　本来，もっと早く，この本をまとめるつもりだったが，思わぬ病を得，遅れてしまった。この間，神の深い憐みを受けながら，多数の方々から，公私両面でご厚情をいただいた。ひとはひとによって傷つけられるが，またひとによってこそ癒される。そのことを深く感じた。感謝に堪えない。なかでも，祈りをもって適切な治療を施して下さった佐竹純一先生（北千住旭クリニック）に厚く御礼申し上

げる。また，多忙な生活の中で時間を共有し，私を支えて下さった多くの先生，友人，親族たち，とくに以下の方々に深甚なる感謝の意を表したい：皆川誠，塩谷直也，徐源一，Kaz Higuchi, Jean Wilson, 故 Paul Fukuda, 畑垣弘道・京子，宮倉崇・文孝明，木村尚・和子，木村元比古・満里。

猪木武徳先生（大阪大学名誉教授）は，青山学院大学特任教授職に在任中，多くの学問的（およびその他の）刺激を与えて下さった。のみならず，本書の草稿に貴重なコメントを寄せられた。李榮薫教授（ソウル大学）は私をソウルの研究会に招請し，報告の機会を与えて下さった。金洛年教授（東国大学）には大部の資料を送って頂いた。これらの先生方のご厚意に深謝する。

大学の同僚諸氏，とりわけ仙波憲一教授（当時，国際政治経済学部長），内田達也教授（同，国際経済学科主任）から頂いたご厚意にも心より御礼申し上げる。

知泉書館の小山光夫氏は，いつものように面倒な編集の労を取って下さった。片山正（当時，帝塚山大学院生），千葉舜彦（青山学院大学院生），君塚聖香（同学部生）の三君にはデータ整理，校正，索引作りを手伝って頂いた。記して謝意を表する。

最後に，妻・陽子は，病の中で大変な迷惑をかけたが，励ましと支えを絶やさず，付き合ってくれた。彼女がいてこそ，ここまで来ることができたと思っている。乏しいが，この言葉をもって謝意に代えたい。

אודה יהוה בכל־לבי
「我，心を尽くして主に感謝せん」

（ダビデの詩，聖書，詩篇 9：2）

2016年9月　青山の研究室にて
　　　　　かの国の自由と平和を願いつつ

　　　　　　　　　木　村　光　彦

引 用 文 献

(50音順。韓国人著者名は日本語読み)

浅田喬二（1989）『増補　日本帝国主義と旧植民地地主制』龍溪書舎
梅村又次・溝口敏行編（1988）『旧日本植民地経済統計　推計と分析』東洋経済新報社
木村光彦（1989）「定期市」中村哲他編『近代朝鮮の経済構造』日本評論社
─────（1993）「大戦下朝鮮の食糧消費水準」『第2次大戦下の日本経済の統計的分析』平成2－4年度科学研究補助金　総合研究（A）研究成果報告書（研究代表者　溝口敏行）
─────（1997b）「北朝鮮経済の分析方法：文献と統計」一橋大学経済研究所 Discussion Paper D97-15, http://www.ier.hit-u.jp/COE/Japanese/discussionpapers/DP97.15/97_15.html
─────（1999）『北朝鮮の経済──起源・形成・崩壊』創文社
─────編訳（2011）『旧ソ連の北朝鮮経済資料集　1946-1965年』知泉書館
─────・浦長瀬隆（1987）「開港後朝鮮の貨幣と物価」『社会経済史学』第53巻第5号
金鐘国 n. d.『私はだまされた　北韓の道は陰惨だった』韓国新聞社
金承美（2012）「韓国の農業（1911-1970）」mimeo.（一橋大学経済研究所）
金日成（金日成主席著作翻訳委員会訳）（1979）『社会主義教育テーゼ』チュチェ思想国際研究所
─────（1981）『金日成著作集』第7巻，平壌，外国文出版社
─────（金日成主席著作翻訳委員会訳）（1983）『文化革命と全社会のインテリ化』チュチェ思想国際研究所
金洛年編（文浩一・金承美訳）（2008）『植民地期朝鮮の国民経済計算』東京大学出版会
─────編（2012）『韓国の長期統計：国民勘定　1911-2010』ソウル大学校出版部，ソウル（韓国語）
慶南大学極東問題研究所編（1980）『北朝鮮貿易研究』成甲書房

国土統一院調査研究室（1986）『北韓経済統計集』ムンソンキョンイン，ソウル（韓国語）

後藤富士男（1981）『北朝鮮の鉱工業——生産指数の推計とその分析』国際関係共同研究所

小林英夫（1990）「朝鮮会社令の研究」『経済学論集』（駒澤大学経済学部）第21巻第3号

―――― 編（1994）『植民地への企業進出——朝鮮会社令の分析』柏書房

コーヘン，J. B.（大内兵衛訳）（1950）『戦時戦後の日本経済』上，岩波書店

篠原三代平（1972）『長期経済統計——推計と分析（10）鉱工業』東洋経済新報社

社会科学院歴史研究所（1981）『朝鮮全史』第28巻，科学・百科事典出版社，平壌（朝鮮語）

申大興編（1994）『最新 朝鮮民主主義人民共和国地名辞典』雄山閣

関水武（1923）「朝鮮の衛生状況」『朝鮮』第100号

宋枝学編訳（1960）『朝鮮教育史』くろしお出版

ソ連貿易省計画経済局編（国際事情研究会訳）（1957－1961）『ソ連貿易統計年鑑』（*Vneshnjaja Torgovlja SSSR Statistichskii Obzor*）ジャパンプレスサービス

大韓民国農林部（1952）『農林統計年報 檀紀4285年版』同部，ソウル（韓国語）

瀧田俊吾（1932）「朝鮮伝染病の疫学的考察」『軍医団雑誌』第224号

武田幸男編（1985）『朝鮮史』世界各国史17，山川出版社

―――― （2000）『朝鮮史』世界各国史2，山川出版社

チャン・キホン（宮塚利雄訳）（2002）『北朝鮮生活 カメラに映らない「北」の市民社会』イースト・プレス

張仁淑（辺真一・李聖男訳）（2002）『凍れる河を超えて』上，講談社

朝鮮銀行調査部（1948）『朝鮮経済年報 1948年版』同行，ソウル（韓国語）

朝鮮史研究会編（1974）『朝鮮の歴史』三省堂

―――― （1995）『朝鮮の歴史 新版』三省堂

朝鮮総督府（1934）『昭和五年 朝鮮国勢調査報告』全鮮篇第1巻，同府，京城

―――― （1935）『昭和八年 農業統計表』同府，京城，

引用文献

─────警務局衛生課（1932）「朝鮮ニ於ケル昭和六年種痘成績ニ就テ」『満鮮之医界』第139号．

─────殖産局鉱山課編（1941）『朝鮮鉱区一覧　昭和十六年七月一日現在』朝鮮鉱業会，京城

─────農林局（1942）『昭和十五年　農業統計表』同課，京城

─────農林局米穀課（1938）『朝鮮ニ於ケル米穀統制ノ経過』同課，京城

朝鮮中央通信社（1949）『朝鮮中央年鑑　1949年』同社，平壌（朝鮮語）

朝鮮民主主義人民共和国国家計画委員会中央統計局（1961）『朝鮮民主主義人民共和国国民経済発展統計集1946－1960』外国文出版社，平壌

鄭慶謨・崔達坤編（張君三訳）（1993）『朝鮮民主主義人民共和国主要法令集』日本加除出版

鄭在貞・木村光彦編（2001）『1945－50年北朝鮮経済資料集成』第13巻，東亜経済研究所，ソウル

東畑精一・大川一司（1935）『朝鮮米穀経済論』日本学術振興会

─────・─────（1939）「朝鮮米穀経済論」河田嗣郎編『米穀経済の研究（1）』有斐閣

遠山茂樹他編（1980）『山辺健太郎　回想と遺文』みすず書房

日本銀行（1966）『本邦主要経済統計』同行

農協中央会調査部（1965）『韓国農政20年史』同会，ソウル（韓国語）

農政調査委員会編（1977）『改訂　日本農業基礎統計』農林統計協会

長谷川与一郎（1913）「朝鮮ニ於ケル麻刺利亜」『朝鮮医学会雑誌』第3号

原康宏（2008）「台湾，韓国における鉱工業長期生産系列の吟味」広島経済大学博士学位論文

肥塚正太（1911）『朝鮮之産牛』有隣堂書店

朴基炷（2005）「朝鮮後期の生活水準」李大根他『あたらしい韓国経済発展史：朝鮮後期から20世紀高度成長まで』ナナム出版，ソウル（韓国語）

朴ソプ（2001）「農業成長，1912－1960」安秉直編『韓国経済成長史──予備的考察』ソウル大学校出版部，ソウル（韓国語）

朴二澤（2005）「朝鮮後期の経済体制：中国・日本との比較論的接近」李大根他『あたらしい韓国経済発展史：朝鮮後期から20世紀高度成長まで』ナナム出版，ソウル（韓国語）

堀和生（1998）「書評：小林英夫編『植民地への企業進出──朝鮮会社

令の分析」」『歴史評論』第575号
水田直昌(監修)(1974)『総督府時代の財政――朝鮮近代財政の確立』友邦協会
南朝鮮過渡政府編(1948)『檀紀4276年(西紀1943年)朝鮮統計年鑑』同政府,ソウル(韓国語)
三橋広夫訳(2006)『韓国の高校歴史教科書 高等学校国定国史』明石書店
三宅宏司(1993)『大阪砲兵工廠の研究』思文閣
宮坂梧郎(1961)『日本家畜小作制度論』自家出版
宮田節子編(1989)『朝鮮軍概要史』15年戦争極秘資料集15,不二出版
────(2010)「朝鮮史研究会のあゆみ――朝鮮史研究会の創設から一九七〇年まで」『朝鮮史研究会論文集』第48号
文部省(1964)『文部省第二統計年報』復刻版,宣文堂書店
山田三郎編(1971)『韓国工業化の課題』アジア経済研究所
山田天山・安藤北洋(2001)『北朝鮮誌』上下,復刻版,東洋書院
山本三生編(1930)『日本地理体系12 朝鮮篇』改造社
李榮薫(木村拓訳)(2004)「数量経済史から再検討した17-19世紀の朝鮮経済」『地域経済研究』(鹿児島国際大学附置地域総合研究所)第21巻第2号
李英和(1994)『北朝鮮秘密集会の夜』クレスト社
李憲昶(須川英徳・六反田豊監訳)(2004)『韓国経済通史』法政大学出版局
李大根(2015)『帰属財産研究――植民地遺産と韓国経済の進路』イスプ,ソウル(韓国語)
李佑泓(1990)『どん底の共和国――北朝鮮不作の構造』亜紀書房
和田春樹(2002)『朝鮮戦争全史』岩波書店

Fenner, F., Henderson, D. A., Arita, I., Jezek, Z. and Ladnyi, I. D. (1988) *Smallpox and Its Eradication*, World Health Organization, Geneva

Kimura, M. (1989) "Public Finance in Korea under Japanese Rule: Deficit in the Colonial Account and Colonial Taxation," *Explorations in Economic History* 26

Marshall, A. (1972) *Principles of Economics*, eighth ed., Macmillan, London and Basingstoke

Szalontai, Balazs (2005) *Kim Il Sung in the Khrushchev Era: Soviet-

DPRK Relations and the Roots of North Korean Despotism, 1953-1964, Woodrow Wilson Center Press, Washington, D. C. and Stanford University Press, Stanford

Tucker, Spencer C., ed. (2002) *Encyclopedia of the Korean War: A Political, Social, and Military History*, ABC-CLIO, Santa Barbara

U. S. Department of Commerce (1960) *Development of the National Economy and Culture of the People's Democratic Republic of Korea (1946-1959) (Statistical Handbook)* U. S. Joint Publications Research Service, Washington, D. C.

『韓国中央農会報』
『朝鮮史研究会会報』
『朝鮮農会報』
『法令公報』

＊「はじめに」に記載したものをのぞく。出版地は，東京以外の場合のみ表記した。

索　引

あ　行

浅野　50, 57
朝日軽金属　49
アルミニウム　49, 52-53, 60
粟　7-9, 19, 25, 27, 31, 33, 39
牛経済　22, 114
内モンゴル　111
宇部　50, 67
　──セメント　75
　──窒素工場　66
ウラン鉱　48
雲山鉱山　10
雲松鉱業　66
雲松鉱山　66, 67
雲南省　111
雲母　66
鴨緑江　3, 47, 85, 126
　──水力発電　75
大川（一司）　25, 125-26
大阪鉄工所　76
大阪窯業セメント　75
小野田　50, 73-75
　──セメント平壌工場　57, 73

か　行

会社令　130

開城　10
化学及血清療法研究所　110
餓死者　3
家畜小作　17
貨幣改革　116
簡易学校　95
咸鏡南道　iv, 6, 7, 12, 27, 30, 47-50, 55, 66, 102, 108
咸鏡北道　4, 7, 19, 27, 34, 39, 48-49, 66, 74, 83
咸興　12, 55-56, 84
韓国　vii, viii, x, 10, 36-37, 56, 61, 84, 88-89, 94, 99, 111, 113, 115, 120-22, 127, 130-32
　──軍　56
間作　8
漢城　113
艦砲射撃　56
キエフ　58
飢饉　19
北里研究所　107, 110
北朝鮮捕獲文書　37
吉林省　111
牛耕　14-15
救荒食物調理法　20
95工場　55-56
96工場　55
供出　31, 38
虚川江　47

金策製鉄所　57
金正日　122
近代経済成長　114, 116
金大中　121
金日成　iv, 31, 39, 53, 56-58, 83-84, 98, 110, 126-27, 130, 132-33
　――政権　53, 59, 116, 121
空爆　54
久原鉱業　49
クルップ社　76
軍事委員会決定　54
鶏卵痘苗　110-11
元山　12, 50, 55-56, 74
　――造船所　53
検徳鉱山　64-65, 67
検徳産　70
黄海製鉄所　53-54, 56
黄海道　ii, 3, 9, 16, 18, 34, 39, 48, 55, 75-76, 83
江原道　ii, 33, 102
公債　126
光州学生事件　95
光州事件　121
降仙製鋼所　56
興南肥料工場　57
国民学校　91
国連軍　131
小作制　6
国家試験射撃行事　83
国共内戦　110
米消費量　125-26, 129
コレラ　101-02, 108-09
混作　8

さ　行

細菌兵器　109, 131
斎藤新太郎　64
3・1運動　95, 106
山菜　19
慈江道　34, 55
地主　6, 124
終霜　4
種痘　101, 106-07, 110-11
小学校　21, 91
城津耐火材工場　71
食糧事情　38
書堂　20-21, 91, 94-95
新義州　55
人民委員会決定　99
人民教育　97
人民軍　53-54, 56
水豊ダム　47
スミス社　75
生活水準　89, 115
政治工作　59
清津　19, 55
西鮮　viii, 3, 6-9, 12, 16, 19, 21, 26-27, 30, 33, 47-50, 73, 93, 96-97, 106, 108
精米工場　114
世界平和評議会　109
赤痢　101, 103, 105-06, 108, 110
銑鉄　48, 61, 64, 76
川内工場　74
総聯　120, 122, 131

索　引　　149

祖国光復会　　126, 130
ソ連　　39, 52-54, 56-59, 70, 72,
　79, 84-85, 97, 107, 109-11,
　116, 127
　──（占領）軍　　52, 61, 116
　──軍政　　98
　──の貿易統計　　72

た　行

大韓航空機事件　　131-32
端川マグネサイト工場　　71
秩父セメント　　75
チベット　　111
中国　　53, 55-57, 86-87, 102,
　106, 109-11, 130
　──軍　　87
中鮮　　viii, 8-9, 21, 30, 50, 93
チュチェ　　132
長津江　　47
朝鮮浅野カーリット　　83
朝鮮浅野セメント　　76
朝鮮小野田セメント　　74
朝鮮火薬　　83
朝鮮軽金属　　49
朝鮮品川白煉瓦　　69, 71
朝鮮神鋼　　49
朝鮮人民革命軍　　126, 130
朝鮮セメント　　75, 77
朝鮮戦争　　ii, 31, 36-38, 56, 58,
　84, 86-88, 97, 109, 111, 116,
　123, 127-28, 130-31, 133
朝鮮造船工業　　53
朝鮮窒素火薬　　83

朝鮮半島における細菌戦調査
　国際科学委員会　　109
朝鮮兵器製造所　　80
朝鮮マグネサイト開発　　65
朝ソ経済文化協力協定　　53
腸チフス　　101, 103, 105-06,
　108, 110
チョン・イルリョン　　86
鎮南浦　　49, 55
坪刈り法　　25
定期市　　9-10
帝国マグネサイト　　69, 71
鉄鋼　　49, 59, 61, 64, 88
鉄鉱石　　48, 61
デフォルト　　116
天皇　　120
デンマーク　　75
ドイツ　　64, 74, 76
東欧　　56-58, 110
統計学社　　113
痘瘡　　101, 103, 105-07, 109-
　11
東畑（精一）　　25, 125-26
痘苗　　106-07, 110-11
トウモロコシ　　7, 31, 37, 39
東洋鉱産化学　　66
都市化率　　5
土地改革　　116
土地調査　　18, 25, 124-25
豆満江　　3
図們江　　3

な 行

内閣決定　109
内閣指示　110
中川鉱業　66
南鮮　viii, 3, 7-9, 21, 30, 50, 93, 97
南浦　55
南浦ガラス工場　71
二重帳簿　37
ニッケル　48, 67
日窒　48, 66-67
　——鉱業開発　65
　——マグネシウム　49, 69
日朝貿易　59
日本鉱業　49, 57, 64
　——鎮南浦製錬所　57, 67
日本製鉄　48, 57
　旧—兼二浦製鉄所　53
日本高周波　48-49, 57
日本耐火材料　69, 71
日本窒素　→日窒
　——興南製鉄所　76
日本マグネサイト化学　69, 71
日本マグネシウム金属　66
農業戸口比率　4-5
農業集団化　31, 116
農業省　31
農民組合　129
野口遵　48

は 行

肺ジストマ　101-02, 110
長谷川石灰　75
原康宏　50
ハンガリー　38, 111
ハングル　95, 99-100
菱本長次　125
肥料　8, 18, 27, 36, 48, 57,
　——工場　55
　——製造　70
ビルマ　131
品種改良　27
赴戦江　47
普通学校　21, 91, 94
プロパガンダ　37, 109, 131
平安南道　3-4, 12, 16, 34, 49, 55, 84-85, 108
平安北道　6-7, 9-10, 12, 26, 34, 102, 110
米軍　56, 83, 87, 108-09, 131
平壌　3, 10, 39, 50, 53-54, 77, 79, 80, 85-86, 97, 101
　——鉱業所　10
　——市　34, 84
　——炭　10
　——兵器製造所　79-84, 86
　——兵器補給廠　80
米食　19, 22, 115
ペスト　103, 109
砲子鉱山　66
朴正熙　121, 132
北鮮　vii, 3-4, 6-7, 9, 16-19,

21-22, 26, 30, 33, 37, 39, 47, 49-50, 93, 96-97, 103, 106-08, 114
——製紙化学　66
北斗鉱山　65-66
北韓　viii
発疹チフス　101, 107-08, 110

ま　行

マグネサイト　48-49, 60, 65-66, 69, 71-72
マグネシア・クリンカー　47, 49, 69-72
マグネシウム　49, 53, 65, 71
繭　12
マラリア　101-02, 107-08, 110
マルクス・レーニン主義　123, 128
満洲　3, 50-51, 53, 76, 102-03, 106-07, 111
三菱鉱業　48
三菱製鋼　48, 56
三菱マグネシウム　49
南朝鮮　viii, 99, 111, 120, 127
民族運動　94-95, 123, 128

モクズガニ　101
茂山鉱山　49
文盲　98-100

や・ら　行

山辺健太郎　120
養蚕　12
鷹徳鉱山　66

ラングーン事件　131
陸羽132号　27
李承晩　127
硫安　48, 57, 61, 67
硫化鉱　66, 76
龍陽鉱山　65, 71
遼寧省　111
燐灰石　66-67
労働力　31, 55, 72, 115
65工場　79, 83-87
盧溝橋事件　82
ロッシュ社　76

American Magnesium Metal Corporation　49
Needham, J.　109
WHO　111

Economic History of North Korea, 1910 - c. 1960

KIMURA, Mitsuhiko

College of International Politics, Economics and Communication
Aoyama Gakuin University

Chisenshokan
2016

CONTENTS

Forward
Chapter 1   Initial Conditions   3
  1. Geography and Climate   3
  2. Industry   4
  3. Cattle Farming   14
  4. Food Consumption and Education   19
  5. Concluding Remarks   21

Chapter 2   Agriculture   25
  1. Prewar Period   26
  2. Postwar Period   30
  3. Concluding Remarks   37

Chapter 3   Mining and Manufacturing   47
  1. Prewar Period   47
  2. 1945 – 53   52
  3. 1953 – 60   56
  4. Appraisal of Official Statistics   60
  5. Mines in Tanchon County   64
  6. Cement Industry   73
  7. Military Industry : Pyongyang Arsenal and Factory No. 65   79
  8. Summary   87

CONTENTS

Chapter 4 Primary Education	91
1. Prewar Period	91
2. Postwar Period	97
Chapter 5 Epidemics and Its Prevention	101
1. Prewar Period	101
2. Postwar Period	107
Conclusion	113
Appendix Chosen-shi Kenkyukai and *History of Korea*	119
1. What is Chosen-shi Kenkyukai?	119
2. *History of Korea*, the First Edition	122
3. *History of Korea*, the Second Edition	128
4. Summary	133
Acknowledgement	137
Bibliography	141
Index	147

ABSTRACT

This book discusses economic changes in North Korea under Japanese rule and after its collapse, until about 1960. When Japan took over Korea in 1910, the economy of northern parts of Korea showed typical features of underdevelopment, that is, low productivity of farming, lack of modern industrial facilities, natural resources untapped, exchanges of farm-household products through periodic markets, etc. After 1910, Japan pushed modernization of Korea and the economy of Korea as a whole grew at a high rate by world standards. The North grew even more rapidly on the basis of rich natural resources there. The initial lower population density and agricultural productivity along with existence of unexploited land contributed to the higher rate of economic growth in the North as well. In addition, accumulation of human capital through diffusion of primary education and prevention of epidemics took place. The North went ahead in primary education compared to the South.

After 1945, the North went through major changes in landholding, industrial and monetary systems under Soviet occupation. The government of Kim Il-sung pushed agricultural collectivization after the Korean War (1950–53). Performance of the North Korean economy after 1945 cannot be exactly measured because of lack of reliable statistics. Production of arms and related goods was a first priority for the government so it was increased even during the War period. Meanwhile, inefficiency and low productivity prevailed in factories and farms. Technological progress lacked (even retrogression took place) in non-military areas. The economy, as a result, fell in chronic stagnation and this fact became clear to outside observers when the state failed to repay debts from the West (including Japan) in the early 1970s.

木村 光彦(きむら・みつひこ)

東京都生まれ。北海道大学,大阪大学,ロンドン大学で学ぶ。名古屋学院大学,帝塚山大学,神戸大学に勤務。現在青山学院大学国際政治経済学部教授。東アジア経済論専攻。
〔業績〕『旧ソ連の北朝鮮経済資料集 1946-1965年』(知泉書館,2011年),『戦後日朝関係の研究』(共著,知泉書館,2008年),『北朝鮮の軍事工業化』(共著,知泉書館,2003年),『1945-50年北朝鮮経済資料集成』全17巻(共編,東亜経済研究所,2001年),『北朝鮮の経済』(創文社,1999年)

〔北朝鮮経済史 1910-60〕　　　　　　　　　ISBN 978-4-86285-242-7

2016年11月 5日　第1刷発行
2016年11月10日　第1刷発行

著　者　木　村　光　彦
発行者　小　山　光　夫
印刷者　藤　原　愛　子

発行所　〒101-0051 東京都文京区本郷1-13-2
　　　　電話03(3814)6161 振替00120-6-117170
　　　　http://www.chisen.co.jp
　　　　株式会社 知泉書館

Printed in Japan　　　　　　　　　　　印刷・製本／藤原印刷